ARA密約

リットン調査団の陰謀

樋口正士 Masahito Higuchi

目次

はじめに

関東とは、万里の長城の東端とされた山海関の東側、つまり満洲全体を意味する。「関東軍」の名称は警備地の関東州に由来し、大日本帝国の中華民国からの租借地であった関東州の守備及び南満洲鉄道付属地警備を目的とした関東都督府の守備隊が前身である。ポーツマス条約（日露講和条約）には、鉄道保護のため一キロ当たり一五名を超えない範囲で守備隊を置く権利が明記されている。これで計算すると、鉄道守備隊の最大規模は一四、四一九名で、実質二個師団になる。

その後、日清条約第一条でもこの約款は再認識されている。

関東軍が、張作霖爆殺事件や満洲事変を独断で実行したことは、一九二〇年代からの外交安全保障戦略を現地の佐官級参謀陣が自らの判断で武力転換させたことを意味し、その後の支那事変（日中戦争）や大東亜戦争（太平洋戦争）に至る日本の政治外交過程を大きく左右する契機となった。

条約、法令を蹂躙し、日本人の生命財産を迫害し、満洲住民を搾取してやまない中国側のやりたい放題に、そして現地の状況をわきまえない日本外務省の対支不干渉主義に隠忍自重を重ねてきた関東軍が、満洲という国防上の生命線、満洲における日本の正当な権益、そして在満日本人を守り抜くため打って出たのが柳条湖の謀略だった。

それらを契機に満洲事変という武力紛争を行い、全満洲領土を占領すべく邁進した。その上、軍部が率先した形で満洲の地域自決、民族自決に基づく分離独立を画策し満洲国を建国した。

中華民国は、旧政権の条約無効問題や国権回復運動を展開し、日本の得た権益を奪回すべき政策を推し進めてきた。その手段として、満洲の法的帰属と日本による民族自決への干渉を連盟社会で弾劾する外交政策を採用し、国際連盟に提訴した。その結果、国際連盟から調査機関としてのリットン調査団が派遣された。この調査団は、三ヵ月間にわたり日本、中華民国、満洲を調査した後に報告書（リットン報告書）を提出した。

公式に発表された報告書に関する限り、決して日本にとって不利な内容ではなかった。日本政府は国際的孤立に追いやることは不利とみて、報告書が日本の権益を認める限りは、これの受諾を止むを得ないと考え国際連盟総会の開催を待っていた。

ところが突如閣議で、日本の国際連盟脱退が決定されたのである。

何故だったのか。

リットン調査団が満洲侵略計画を着々と進行させ醸成させていた陰謀が発覚したからである。それは、日本がリットン報告書を受け入れた場合のＡＲＡ密約（the Anglo-Russo-American secret agreement）という英米ソの「秘密協約書」の存在であった。

すなわち、日本の知らない処で、連盟で指名されたリットン調査団のメンバーである英・独・米・仏・伊の国と、連盟に参加してなかった米・ソなどの国が満洲を分割して取得し、統治しようとする陰謀であった。

国際連盟特別総会が開催され、そのリットン報告を基にした勧告案が審議され、最終的な同意確認がなされて、賛成四二票、反対一票（日本）、棄権一票（シャム＝現タイ）、投票不参加一国（チリ）で、連盟規約についての条件が成立した。

日本の松岡洋右全権大使は連盟の総会議場より退場し、後日国際連盟に脱退通告を送った。

満洲事変に関しては、ＡＲＡ密約だけでなく背後には列強の大きな陰謀が働いていた。また、国内的にも外務省が軍事外交を葬るためにリットン報告書を利用しようと画策していた。

世の中には「偶然」という事がある。原因なくして起こる事柄をいう。

世の中の大半の偶然は、起因がわからぬまま、個々の人生に大なり小なり波紋を残して消え失せる。波紋すら残さぬことも多い。だが、時として、偶然が国家を変動させ、国運の消長を招いた例も多々ある。

人は、その偶然を天命とも天運とも呼ぶ。

序章

「満洲《まんしゅう》」とは、現在中華人民共和国において「中国東北部」と呼ばれる地域及びロシア連邦において「極東」と呼ばれる地域の一部を含めた北東アジアの特定地域を指す地域名である。

総面積は約一一〇万平方キロ、ほぼドイツとフランスを合わせた広さで、現在の日本領土の約三倍である。

渤海《ぼっかい》・金朝《きんちょう》・後金《こうきん》・清朝《しんちょう》を建国した満洲民族《マンジュみんぞく》や、夫余《ふよ》・高句麗《こうくり》を建国した濊貊《わいはく》民族、鮮卑《せんぴ》・烏桓《うがん》・契丹《きったん》・奚《けい》などモンゴル民族の故地である。

「満洲」という言葉は、もともとは一二世紀には主に民族名を指していた。しかし一九世紀の日本では満洲、満洲国とは地域をさし、民族は「満洲族」と呼ぶようになった。

「満洲」が地名の意味を持った契機は、この地域が清の支配民族の満洲民族の居住地域であったことから、西欧語で「マンチュリア」(Manchuria) と呼ばれるようになったからである。これに対応して漢字文化圏でもこの地域を「満洲」と呼ぶようになった。

「満洲研究」は中国人によってではなく、日本人によって始められた。中国人のそれは殆んどが満洲事変後からである。

日本における満洲研究は、既に江戸時代から満洲語や満洲事情の研究という形で進められていた。

和田清の『東亜史研究』満洲篇の序文には、「満洲は、もともと極東の辺陲の地であるから、世界の片田舎であったといえる。歴代の中国王朝からすれば、そこは化外の地であり、清朝の中国征服後にも、満洲はその発祥の地であったという関係から、発掘によって秘事を暴かれることを恐れ、その研究を弾圧した。だから、満洲史は従来、最も閑却され、日本学者の一人舞台になった」と記してある。

江戸時代の満洲に関する著作には、荻生《おぎゅう》徂徠《そらい》の『満文考』、その弟北渓《ほっけい》の『満州始末記』、天野《あまの》信景《さだかげ》の『満州字式』その他計六巻、岡島冠山《おかじまかんざん》の『通俗民清軍談国姓爺忠義伝』、間宮《まみや》倫宗《ともむね》（林蔵）の『東韃靼紀行』、近《こん》藤守重《どうもりしげ》（重蔵）の『辺要分界図考』『清俗記聞』など数多い（和田清の『明治以降における歴史学研究の発達』より）。

明治時代に入ると満洲研究は、日露戦争以前では主に軍部によって進められた。当時、史学会の研究対象は、満洲より朝鮮半島が中心だった。

歴史学者による系統的研究が行われるのは、その後の満洲経営の進展に伴うブームが起こってからである。その最大の推進力となったのが南満洲鉄道株式会社（満鉄）だった。東洋学の開祖と言われる東京帝国大学白鳥《しらとり》庫吉《くらきち》教授は、満洲・朝鮮に関する研究の必要性を主張、満鉄総裁の後藤新平に掛け合い歴史研究の重要性を訴えた。

それが認められ、一九〇八（明治四一）年に「南満洲鉄道株式会社歴史調査室」（東京）が発足した。

当時の満洲研究には、三つの流れがあった。

一つは東大の白鳥庫吉博士と京大の内藤《ないとう》湖南《こなん》博士を中心とする清朝を主対象とした満洲史研究、二つ目は現実問題としての満洲近代外交史研究を中心とする分野で、三つ目は満洲経営のための満鉄と軍部による満洲事情調査である。

満洲研究の中心的役割を果たしていた「満鉄歴史調査室」だが、満鉄社内で〝現在と距離のある歴史研究を継続することに疑問〟が出され、一九一五（大正四）年に廃止された。しかし白鳥庫吉は研究の継続を図り、研究室を東京帝国大学内に移し、大学の教員を中心に研究を続けた。その成果、刊行されたのが『満鮮地理歴史研究報告』（一九一五年第一冊刊行）であった。

執筆者は、津田左右吉《つだそうきち》、松井等、箭内亙、池内博などの「満鉄歴史調査室」のメンバーであったが、第一二冊（一九三〇年刊）に和田清が「兀良哈《うりゃんは》三衛《さんえい》に関する研究（一）」を掲載し、メンバーに加わった。

和田清は、元から清初にかけての中国、モンゴル、マンチュリアの歴史に取り組んでいた。マンチュリアとモンゴルとの関係を取り上げた論文が『満鮮地理歴史研究報告』に掲載されたことはなかったが、今回和田清の参加により、いわゆる「満蒙史」研究に関する論文が掲載されることになった。和田清は一九三三（昭和八）年に東京帝国大学教授に就任し、日本を代表する「満蒙史」研究者となった。

―満洲の歴史―

白鳥庫吉は、満洲には一貫したひとつの歴史的発達の体制はなかったとの見方をしている。

例えば「満洲、モンゴル、漢民族争覇の地として、それら三民族の波動は時には北よりも南に、西よりも東に打ち寄せられたのであって、その歴史は断続的であり、一貫せる歴史がない」（『東洋』第三十六巻　第三号　昭和九年）と述べている。

「一貫性のない歴史」との見方は間違いではない。

それは満洲史だけではなく、支配者の交代のたびに歴史の断絶を繰り返してきた中国史にも朝鮮史にも言えることである。

一二世紀には靺鞨《まっかつ》の子孫とされる女真族《じょしんぞく》が金を建国、遼と北宋を滅ぼして中国北半分をも支配するに至った。その金はモンゴル民族のモンゴル帝国（元）に滅ぼされ、この地は元の支配下に入る。

次いで元は漢民族の明に倒され、一時は明の支配下となり、明代に山海関と名付けられることになった長城最東端の関よりも外の土地という意味で「関外の地」、あるいは、関よりも東の土地という意味で「関東」とも呼ばれた。後に女真族への冊封《さくほう》による間接統治に改められた。

満洲族（一七世紀に女真族から名称変更）が後金を起こして同地を統一支配した後、国号を改めた清朝が明に代わり、満洲地域及び中国内地全体が満洲民族の支配下に入った。

清朝は建国の故地で後金時代の皇居（瀋陽故宮）がある満洲地域を特別扱いし、奉天府を置いて治めた。後には奉天府を改めて東三省総督を置き、東省または東三省《とうさんしょう》（奉天、吉林及び黒龍江の三省）と呼んだ。

当初は「遼東招民開墾例」（一六四四年）をはじめとする勧民招墾の諸法令を公布し、漢族の満洲植民を奨励していたが、一七四〇年以降は封禁政策を採り漢民族が移入することを禁じた。

一七世紀になると、ロシア帝国の南下の動きが激しくなり、ロシアと清朝との間でこの地域をめぐる紛争が起きた。

ヴァシーリー・ポヤルコフやエロフェイ・ハバロフなどのロシア人の探検隊が黒龍江流域に南下、侵入し、村落を焼いたり捕虜を獲ったり毛皮を取り立てたりして植民地化の動きを見せたため、これを追い出し国境を定める必要が生じた。

一六八九年にネルチンスク条約が締結され、国際的にも満洲全域が正式に清朝の国土と定められた。その後、清朝はロシアの脅威に対抗するため、兵士を駐屯させる。しかし王朝末期に弱体化した清朝はロシアの進出を抑えきれず、一八五八年五月二八日のアイグン条約、一八六〇年一一月一四日の北京条約の二つの不平等条約によって、満洲地域の黒龍江以北及びウスリー川以東のいわゆる外満洲地域はロシアに割譲されることとなった。

一八六〇年には政策を転換して、漢族の移住を認め、農地開発を進めて、次第に荒野を農地に変化させた。この民族移動のことを「闖関東《ちんかんとう》」という。一九〇〇年にはロシア軍によってブラゴヴェシチェンスクで清国人数千人が虐殺されるアムール川事件が起きる。

一九〇四（明治三七）年から勃発した日露戦争は日本の勝利に終わり、条約によって確保されていたロマノフ王朝の満洲における鉄道、鉱山開発を始めとする権益は日本へ引き渡された。

弱体化した清朝は一九一一年の辛亥革命で倒された。翌年成立した中華民国は清朝領土の継承を宣言するが、実態は各地域の軍閥による群雄割拠の状態であり、満洲は張作霖の軍閥の支配下となる。清朝崩壊後、満洲へは社会不安から流民となった漢民族の移入が急増する。

中ソの共同管理下に置かれていた中東鉄道の利権を中華民国が実力で回収しようとしたことで、一九二九年にソヴィエト連邦は満洲に侵攻し（中東路事件・奉ソ戦争）、中華民国軍を破り中東鉄道の権益を確保した。

一九三一（昭和六）年九月に日本は満洲事変を契機に満洲全域を占領して、翌一九三二（昭和七）年三月に満洲国を建国した。満洲国は清朝最後の皇帝であった愛新覚羅溥儀を元首（執政、のち皇帝）とした。満洲国は日本の傀儡《かいらい》政権といわれ、この時期の満洲は事実上日本の支配下となった。

日本は、南満洲鉄道や満洲重工業開発を通じて多額の産業投資を行い農地や荒野に工場を建設した。その結果、満洲はこの時期に急速に近代化が進んだ。一方では満蒙開拓移民が入植する農地を確保するため、既存の農地から地元農民を移住させる等、元々住んでいた住民の反日感情を煽るような政策も実施した。

一九四五（昭和二〇）年八月、第二次世界大戦終結直前にソ連軍が満洲に侵攻、満洲国は崩壊した。以後、ソ連は今に至るまで外満洲《がいまんしゅう》を占拠している。

第一章　満洲事変

満洲事変は、一九三一（昭和六）年九月一八日に中華民国奉天（現、瀋陽）郊外の柳条湖付近で、関東軍が南満洲鉄道の線路を爆破した事件（**柳条湖事件・九一八事変**）に端を発し、関東軍による満洲全土の占領を経て、一九三三（昭和八）年五月三一日の塘沽《タンクー》協定成立に至る、日本と中華民国との間の武力紛争（事変）である。

この軍事衝突を境に、中国東北部を占領する関東軍と現地の抗日運動との衝突が徐々に激化した。満洲国の建国により中国市場に関心を持つアメリカら他の列強国との対立も深刻化した。

満洲事変までの経緯

一八九九年、「北清《ほくしん》事変」（義和団《ぎわだん》の乱）が勃発し、翌年それが北京にまで波及すると、ロシアは日本を含む諸外国とともに支那に兵を送り込んだ。そして義和団の乱が満洲にまで及ぶと、更に増派して遂には全満洲を占領してしまった。日露戦争間近の時期には、清朝の官吏が満洲に入るにもロシア役人の許可が必要であった。満洲は一度ロシアになっていたのである。

そこで日本は南下してくるロシアの脅威を振り払うために日露戦争に立ち上がるわけであるが、清朝は自分の故郷・満洲が戦場となるのに、なんと『局外中立』を宣言している。それのみならず、ロシアと秘密協定を結んでいた。

それが、一八九六年の「露清密約」である。これによれば――、

①　ロシアあるいは清国、朝鮮が日本と戦争になった場合、露清両国は相互援助する。

② その場合、清国はロシアの輸送を助けるため、満洲での鉄道建設に同意する。
③ その鉄道は、ロシアが軍用として自由に使うことが出来る。
まったく日本を敵視した条約であった。

一九〇五（明治三八）年、日本は日露戦争で勝利し、ロシアとの間で**ポーツマス条約**（日露講和条約）を締結した。この条約には、ロシア政府が清国政府の承諾をもって、旅順、大連の租借権と長春―旅順間の鉄道及び支線や付属設備の権利、財産を日本政府に移転譲渡することが定められ、ロシアはやっと満洲から手を引くことになった。

同年には日清間でロシア権益の継承に加えて、併行する鉄道新設の禁止などを定めた**満洲善後条約**が締結された。

これらからも理解できるように、日本は何も満洲を侵略した訳ではない。国際条約に則って正当に租借権を獲得し、或いはその土地の領有権を得たのである。しかもロシアが持っていた権限以外はすべて清国に返上している。当時としては全く紳士的な振る舞いであった。

その上、日露戦争後になって日本は清国皇帝に対し、戦場使用料として一五〇〇万円を支払っている。「露清密約」があったことを、その当時知っていたならば、そもそも満洲を清に返す必要もなかったというのが、当時の国際的常識であったろう。

これにより日本政府は「**南満洲鉄道株式会社**」（**満鉄**）を一九〇六（明治三九）年六月七日に創設し、同年七月三一日に**関東都督府**を設置した。

日露戦争後、ロシアより譲り受けた関東州と長春―旅順間の鉄道（後の南満洲鉄道）を防衛するため、一九〇五（明治三八）年九月二六日に公布された「関東総督府勤務令」により天皇直属の機関である関東総督府が設置された。本部は遼陽に置かれた。関東総督は満洲北部に依然として勢力を保持するロシアの脅威に備えるため排他的な軍政を断行したが、市場の門戸開放を主張するイギリスやアメリカ合衆国の対日感情を悪化させる結果を招き、第一次西園寺内閣の外務大臣の加藤高明が辞任する事態となった。外相を引き継いだ西園寺公望や文治派の巨頭である伊藤博文（当時は朝鮮統監）は関東総督府の軍政を民政に移行するため動き、一九〇六（明治三九）年五月二二日より伊藤主導で元老や内閣、軍上層部を集めて開催された「満洲問題に関する協議会」において伊藤ら文治派の主張が児玉源太郎ら武断派の抵抗を退け、軍政から民政への移行の方針が決定された。同年九月一日、関東総督府が廃止され、旅順に移転・改組された関東都督府になった。

関東都督府は関東州の統治と防備を受け持ったが、天皇直属であった関東総督府時代とは異なり、政務や軍事の各権能について外務大臣・陸軍大臣・参謀総長・陸軍教育総監らの監督を受けることとされた。また、南満洲鉄道株式会社（満鉄）の業務監督や満鉄附属地の警備も行った。

これ以降、満洲統治は関東都督府と領事館（外務省）と満鉄によって担われることとなったが、それぞれが権限を主張し、行政の一元化を妨げることとなる。

中華民国・蒋介石《しょうかいせき》は一九一九（大正八）年七月の**カラハン宣言**（註：民族自決の原理に基づき、帝政ロシアが中国で獲得したすべての領土・利権の放棄を宣言し、中ソの友好関係樹立を提議）以降、急速に共産主義に接近し国家継承における条約継承否定説を採用し、日本との過去の条約（日清間の諸条約）の無効を主張し始めた。とくに第二次北伐に着手中の一九二八（昭和三）年七月一九日に日清通商航海条約の一方的破棄を宣言し、日本政府はその無効を主張することとなる。

また一九一五（大正四）年のいわゆる**対華二一ヵ条要求**をめぐる外交交渉の際、対日制裁として発布された懲弁国賊条例《ちょうべんこくぞく》（日本人に土地を貸したものは公開裁判なしに死刑に処すもの）はこの交渉で締約した二条約一三公文に完全に違背する条例であったが、一九二九（昭和四）年に強化され「土地盗売厳禁条例」「商租禁止令」などおよそ五九の追加法令となり、日本人に対する土地・家屋の商租禁止と従前に貸借している土地・家屋の回収が図られた。間島《カンド》（豆満江以北の満洲にある朝鮮民族居住地）や満洲各地の朝鮮系を中心とした日本人居住者は立ち退きを強要されあるいは迫害された。これら条約無効問題や国権回復運動は満洲事変の大きな要因となった。

張作霖《ちょうさくりん》は第二次奉直戦争後、関内に進出し直隷《ちょくれい》、山東《さんとん》、安徽《あんき》、江蘇《こうそ》の中央諸省を手中に収め、中央政権の掌握をしようとした。

江浙の直隷派の孫伝芳が討張の兵を挙げ、呉佩孚が「討逆軍総司令」に任命され、二〇万の軍隊で応戦した。馮玉祥は「北京政変」を起こし、寝返り、北京に軍を進め曹錕を監禁し、旧・清朝皇帝（愛新覚羅溥儀）を追い出した。奉天派軍は冷口より万里の長城を突破し、直隷軍の退路を断った。呉佩孚率いる軍隊は張作霖の軍に負け、塘沽から船で南方に逃亡し、長江流域に到着し、一地方の雄に甘んじることとなった。

張作霖、馮玉祥などは曹家花園で天津会議を開き、中華民国執政府と国会に取って代わる善後会議の成立を決定し、あわせて段祺瑞を総統と総理の職を統べた「中華民国臨時執政」に推薦した。孫文は北京に入ったが一九二五年三月一二日に病没し、政権は奉天派の張作霖の手中に落ちた。

一九二五（大正一四）年一一月奉天派の重鎮郭松齢は張作霖と対峙した（郭松齢の乱）。満洲は兵乱の巷となり、日本は在留邦人保護のため増兵した。この結果、張作霖に有利な戦いとなり、一二月に郭を葬り、辛うじて満洲王国の崩壊を免れた。

関東軍は、地元の親日派軍閥長である張作霖に軍事顧問団を送り、取り込みを図った。しかし、張作霖が排日運動の高まりや欧米からの支援を取り付けようと日本との距離を置き、海外資本の提供を受けて、いわゆる満鉄の並行線を建設し始めると、両者の関係は悪化した。

中国国民党・蒋介石が一九二八年四月八日に**北伐**を再開した（第二次北伐）。日本（田中義一内閣）は、中国にある既得権益及び治安の維持のため、居留民の保護の名目で山東省に軍を派遣した（山東出兵）。この時、済南に入った北伐軍との間で武力衝突が発生した（済南事件）。その後、国民革命軍は日本との衝突を避けつつ閻錫山、馮玉祥らの軍閥を傘下に加え進撃した。

一九二八（昭和三）年六月四日、関東軍は張作霖が乗る列車を秘密裏に爆破し、殺害した（**張作霖爆殺事件**）。事件を首謀した関東軍高級参謀河本大作大佐は、予備役に回される軽い処分とされた。田中義一内閣はこの事件処理をめぐり昭和天皇から不興を買ったことにより、翌年七月になって総辞職に追い込まれた。

張作霖爆殺事件によって、日本は国際的な批判を浴びた。張作霖の後を継いだ息子の張学良は、蒋介石の南京国民政府への合流を決行（**易幟**）し、満洲の外交権と外交事務は南京政府外交部の管轄となった。また、東北政務委員会、東北交通委員会、国民外交協会が設置されて、日本に敵対的な行動を取るようになった。

南京政府と合流した張学良は、南京政府の第一の外交方針である失権失地回復の矛先を、まず北満のソ連権益に向けた。一九二九年五月二七日、張学良軍は共産党狩りと称して、ソ連領事館の一斉手入れを実施し、ハルビン総領事と館員三〇人あまりを逮捕した。

七月一〇日には、中東鉄道全線に軍隊を配置して、ソ連人の管理局長と高級職員全員を追い出して、中国人を任命した。ソ連は国交断絶を宣告して、ソ連軍が満洲に侵攻し、中華民国軍を撃破して中東鉄道全部を占領した（**中東路事件・奉ソ戦争**）。一二月二二日に**ハバロフスク議定書**が締結され、中東鉄道の経営と特別区の行政はソ連が一手に握るなど満洲における影響力を強めた。（資料1）

コミンテルン（註：共産主義インターナショナルの略称。一九一九年三月にモスクワに創設され 四三年五月まで存続した各国共産主義政党の国際統一組織）には一国一党の原則があり、一九二九年ごろには更に重視されたとされる。

朝鮮共産党満洲総局は、中国共産党へ加わるために中国共産党の許可の下で、一九三〇年五月に間島《カンド》で武装蜂起を行った。また、同年八月一日には中国共産党満洲省委員会直属の撫順特別支部の朝鮮人によって満洲で八一吉敦暴動《はちいちきっとんぼうどう》が発生した。奉天省政府は取り締まりを強化したが、それに伴い兵匪や警匪による良民への横暴も増えてしまうこととなった。また、満洲における朝鮮人には共産思想に被れた者が多くいたため、中ソ紛争における捕虜の中にも多数の朝鮮人が存在していた。張学良が日本人や朝鮮人に土地を貸した者を処罰する法律を制定したため、各地で朝鮮人農民が迫害された。

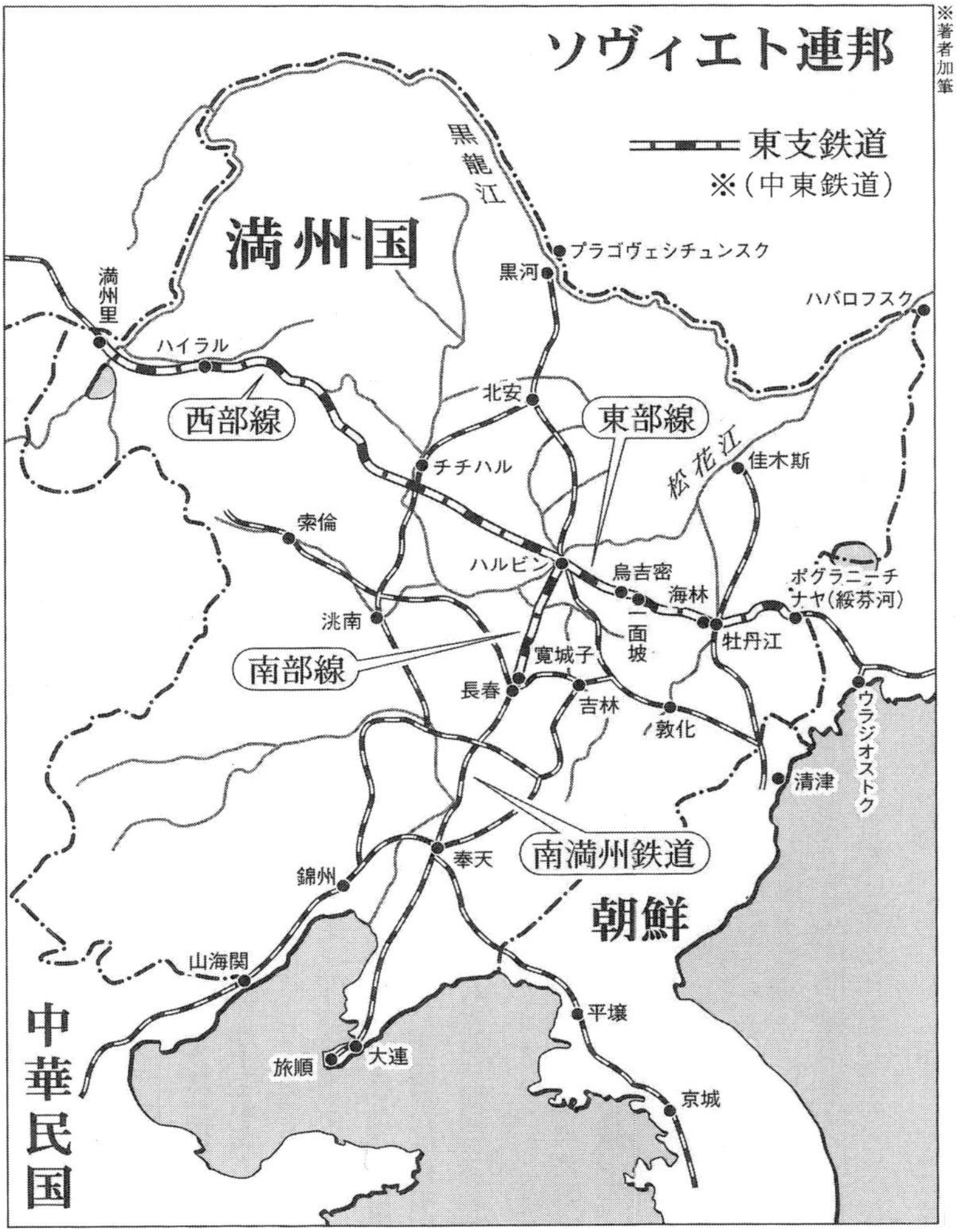

（資料1）満洲事変と東支鉄道関係図
（出典：ボリス・スラヴィンスキー著『中国革命とソ連』）

一九三一年六月一五日には、上海租界の共同租界工部局警察がソ連スパイのイレール・ヌーラン（本名ヤコブ・ルドニック）を逮捕し（牛蘭事件、ヌーラン事件）、極東における赤化機関の全容や、政府要人の暗殺、湾港の破壊計画が明るみに出た。同月二二日には、中国共産党中央委員会総書記の向忠発《こうちゅうはつ》が逮捕されるなど共産党暴動や満洲ソヴィエト化の陰謀が行われていた。

ソ連追い出しに失敗した張学良は、失権失地回復の矛先を南満の日本権益と日本人に向けてきた。満鉄を経営的に自滅枯渇させるために、新しい鉄道路線などを建設し、安価な輸送単価で南満洲鉄道と経営競争を仕掛けた。

満鉄は一九三〇（昭和五）年一一月以降赤字続きに陥り、社員三〇〇〇人の解雇、全社員昇給一ヵ年停止、家族手当・社宅料の半減、新規事業の中止、枕木補修一ヵ年中止、破損貨車三〇〇〇両の補修中止、民間事業の補助・助成中止など支出削減を実施した。

また、張学良は、満鉄の付属地に柵をめぐらし、通行口には監視所を設けて、大連から入ってきた商品には輸入税を支払っているにもかかわらず、付属地から持ち出す物品には税金を取った。

さらに「盗売国土懲罰令」を制定し、日本人や朝鮮人（日本の植民地となっていた朝鮮より日本人が連れてきた主に農民）に土地を貸したり売ったりした者を国土盗売者として処罰した。多数の朝鮮人農民が土地を奪われ、抵抗した者は監獄に入れられた。そのうえ、林業、鉱業、商業などの日本人の企業は、日露戦争後の日清善後条約で、正当な許可を得たものは満鉄付属地外でも営業できることになっていたが、昭和五、六年には、一方的な許可取り消しや警察による事業妨害のために経営不振が続出した。

奉天総領事が遼寧省政府に交渉しても、外交権はないので南京政府の外交部に直接交渉するようにと相手にされなかった。外務省を通じて南京総領事が南京政府に交渉しても、いつまで経っても音沙汰なしであった。

満洲事変前には、このような日中懸案が三七〇件余りあった。危機感を抱いた関東軍は、再三に亘り交渉するが聞き入れられなかった。これにより関東軍の幹部は、本国に諮ることなく、満洲の地域自決、民族自決に基づく分離独立を計画するようになってきた。

一九三一（昭和六）年二月、「鮮人駆逐令」で朝鮮人は満洲から追放されることになり、行き場を失った朝鮮人農民は満洲内陸に位置する長春の北の三姓堡万宝山《ワンバオシャン》に入植しようとした。同年七月二日に万宝山において土地を賃借した朝鮮人農民が作った用水路に反発した中国人農民が襲撃し、さらに日本の領事館警察官と衝突する**万宝山事件**が勃発した。

この事件を中華民国側による不法行為であるとして、朝鮮半島では中国人排斥暴動が発生し（朝鮮排華事件）、多くの死者重軽傷者が出た。この事件により、日華両国関係が著しく悪化した。

一九三一（昭和六）年六月二七日、ソ連と接する大興安嶺の立入禁止区域を密偵していた陸軍参謀本部員中村震太郎《しんたろう》大尉と、案内役の井杉延太郎《いすぎのぶたろう》元曹長が正規の護照《ごしょう》（旅行許可証）を所持していたにもかかわらず、張学良配下の関玉衡《かんぎょくこう》の指揮する屯墾軍《とんこんぐん》に拘束され殺害される**中村震太郎大尉事件**が発生した。

事件の核心を掴んだ関東軍は調査を開始したが、真相が明らかにならず外交交渉に移されることとなった。その場で中華民国側は調査を約したが、日本による陰謀であるなどと主張したことにより、関東軍関係者は態度を硬化させ、日本の世論は沸騰し中華民国の非道を糾弾、日華間は緊迫した空気に包まれた。

同年八月二四日陸軍省は、満洲北西部、洮索地方の保障占領案を外務省に送付したが、両省間で協議の結果、見合わせることになった。しかし中華民国側が殺害の事実を否定する場合は、関東軍の協力を得ながら林久治郎奉天総領事が強硬に交渉することとなった。

この二つの偶発的ともいえる事件により、日本の世論を背景に関東軍は武力行使の機会を窺うようになった。

中華民国側が事の重大性を認識し全面的に事実関係を認め、中村震太郎一行殺害実行犯の関玉衡を取り調べ始めたと日本側に伝達したのが同年九月一八日午後に至ってからであったが、既に手遅れであった。この日の夜半、柳条湖事件が発生したためである。

当時の日本陸軍の動きを見てみると、

一九二七（昭和二）年ごろ、永田鉄山、岡村寧次、小畑敏四郎らが二葉会を結成し、人事刷新、総動員体制の確立、満蒙問題の早期解決などを目指した。同年一一月ごろ、鈴木貞一参謀本部作戦課員らによって木曜会が組織され、翌年三月には、帝国自存のため満蒙に完全な政治的権力を確立することが決定された。

一九二八（昭和三）年一〇月に石原莞爾が関東軍作戦主任参謀に、翌年五月に板垣征四郎が関東軍高級参謀になった。満蒙問題の解決のための軍事行動と全満洲占領を考えていた石原、板垣らは、一九三一（昭和六）年六月頃には計画準備を本格化し、九月下旬決行を決めていたとされている。

一九二九（昭和四）年五月、二葉会と木曜会が合流して一夕会《いっせきかい》が結成され、人事刷新、満洲問題の武力解決、非長州系三将官の擁立を取り決めた。同年八月、岡村寧次が陸軍省人事局補任課長になり、一九三〇（昭和五）年八月、永田鉄山が軍務局軍事課長になった。同年一一月永田は満洲出張の際に、攻城用の二四センチ榴弾砲《りゅうだんぽう》の送付を石原らに約束し、翌年七月に歩兵第二九連隊の営庭に据え付けられた。

満洲事変直前の同年八月には、陸軍中央の主要実務ポストを一夕会会員がほぼ掌握することとなった。

一九三一（昭和六）年三月、満蒙問題の根本的解決の必要を主張する「昭和六年度情勢判断」が作成され、同年六月、建川美次参謀本部第二部長を委員長とし、陸軍省の永田鉄山軍事課長、岡村寧次人事局補任課長、参謀本部の山脇正隆編制課長、渡久雄欧米課長、重藤千秋支那課長からなる、いわゆる五課長会議が発足し、一年後を目途に満蒙で武力行使を行う旨の「**満洲問題解決方針の大綱**」を決定した。同年八月、五課長会議は山脇に代わり東條英機編制課長が入り、今村均参謀本部作戦課長と磯谷廉介教育総監部第二課長が加わって、七課長会議となった。今村作戦課長は「満洲問題解決方針の大綱」に基づく作戦上の具体化案を八月末までに作成した。

このように陸軍中央部では永田鉄山、鈴木貞一らが動き、関東軍では石原莞爾、板垣征四郎らが動くことで満洲事変の準備が整えられ、一夕会系幕僚が陸軍中央を引きずり、内閣を引きずって満洲事変を推進して行った。

日本外務省は、広東政府と何度も話し合いを行うなど国際協調路線を重視した幣原外交を行った。

当時の外務省の見解として、幣原喜重郎外相は「支那人は満洲を支那のものと考えているが、あれはロシアのものだった。牛荘の領事を任命するには、ロシアの許諾が必要だった。日本がロシアを追い出さなければ、満洲は清国領土から失われたことは間違いない。しかし、日本は、領土権は主張しない。日本人が相互友好協力の上に満洲に居住し、経済開発に参加できれば良いのであって、これは少なくとも道義的に当然の要求である。また、中国がかりそめにも日本の鉄道に無理強いするような競争線を建設できないことは、信義上自明の理である」と述べている。

幣原外相は、英米との国際協調により中国政府に既存条約を尊重することを求めようとし、また、アメリカのマクマリー駐中国公使も同様の方針を本国政府に訴えていたが、国務省内の親中派のS・ホーンベルク極東部長によって日本との協調路線は退けられた。

事変の経過

一九三一（昭和六）年九月一八日午後一〇時二〇分頃、奉天（現在の瀋陽）郊外の柳条湖付近の南満洲鉄道線路上で爆発が起きた。これがいわゆる柳条湖事件である。
現場は、三年前に張作霖爆殺事件が起きた場所から、わずか数キロの地点である。爆発自体は小規模で、爆破直後に現場を急行列車が何事もなく通過している。（資料2）
本事件は、河本大作大佐の後任の関東軍高級参謀板垣征四郎大佐と、関東軍作戦参謀石原莞爾中佐が首謀し、奉天特務機関補佐官花谷正少佐、張学良軍事顧問補佐官今田新太郎大尉らが爆破工作を指揮し、関東軍の虎石台独立守備隊の河本末守中尉指揮の一小隊が爆破を実行した。軍事行動の口火とするため自ら行った陰謀であったことが戦後のGHQの調査などにより判明している。
関東軍は、これを張学良の東北軍による破壊工作と発表し、直ちに軍事行動に移った。事件現場の柳条湖

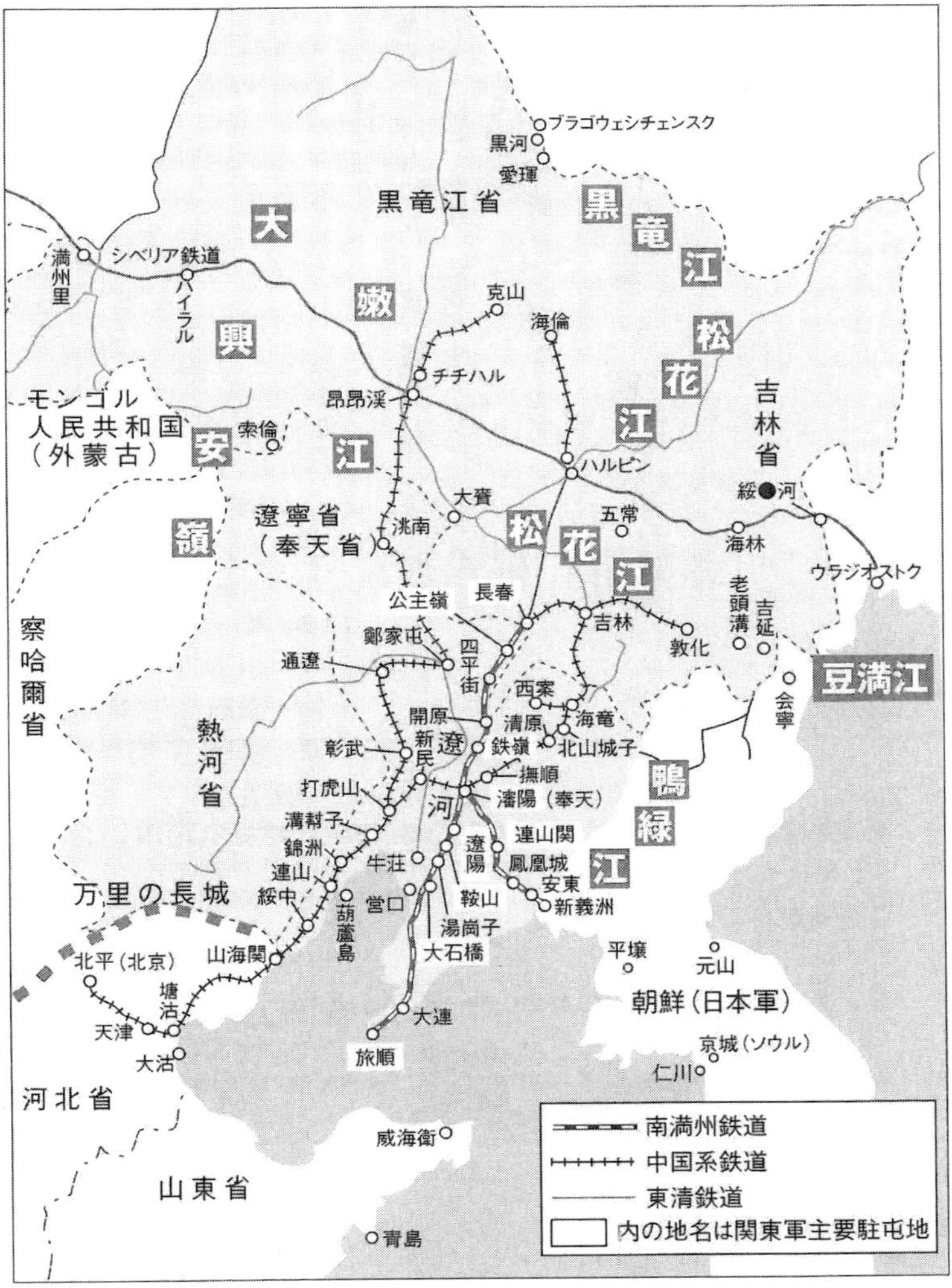

（資料2）1931（昭和6）年の満洲（中国東北地方）
（出典：渡部昇一著『リットン報告書』）

近くには、国民革命軍の兵営である「北大営《ペイターイン》」があった。国民革命軍と称していたが、本質は匪賊と変わりがなかった。そのような軍隊だから、反乱や兵器の悪用を防ぐため、夜間銃器類は一括して格納されていた。関東軍は爆音に驚いて出てきた中国兵を射殺し、北大営を占拠した。翌日までに、奉天、長春、営口《えいこう》の各都市も占領した。

奉天占領後すぐに、奉天特務機関長土肥原賢二大佐が臨時市長となった。土肥原の下で民間特務機関である甘粕機関を運営していた甘粕正彦元大尉は、哈爾浜《ハルビン》出兵の口実作りのため、奉天市内数ヵ所に爆弾を投げ込む工作を行った。九月二二日関東軍は、居留民保護のため哈爾浜出兵の意向を示したが、陸軍中央は認めず、断念した。

九月一九日午前七時、陸軍省・参謀本部合同の省部首脳会議が開かれ、小磯国昭軍務局長が「関東軍今回の行動は全部至当の事なり」と発言し、一同異議なく、閣議に兵力増派を提議することを決めた。首脳会議での指揮は、実質的に局長待遇であった永田鉄山軍事課長であった。省部首脳会議の決定を受け、作戦課は朝鮮軍の応急派兵、第一〇師団（姫路）の動員派遣の検討に入り、軍事課は閣議提出案の準備にかかった。

同日午前一〇時の閣議で南次郎陸軍大臣は関東軍増援を提議できず、事態不拡大の方針が決定された。

同日午前、杉山元《はじめ》陸軍次官、二宮治重参謀次長、荒木貞夫教育総監部本部長によって、満蒙問題解決の動機となすという方針が合意され、条約上の既得権益の完全な確保を意味し、全満洲の軍事的占領に及ぶものではないとされた。

同日午後、作戦課は、関東軍の旧態復帰は断じて不可で、内閣が承認しないなら陸相が辞任して政府の瓦解も辞さないという「満洲における時局善後策」を作成し、参謀本部内の首脳会議の承認を得た。作戦課は関東軍の現状維持と満蒙問題の全面解決が認められなければ、陸軍によるクーデターを断行する決意であった。南陸相は、事態不拡大の政府方針に留意して行動するよう本庄繁関東軍司令官に訓電した。

二〇日午前一〇時、杉山陸軍次官、二宮参謀次長、荒木教育総監部本部長は、関東軍の旧態復帰拒否と、政府が軍部案に同意しない場合は政府の崩壊も気にとめないことを確認した。軍事課は、事態不拡大という閣議決定には反対しないが、関東軍は任務達成のために機宜の措置をとるべきであり、中央から関東軍の行動を拘束しないという「時局対策」を策定し、南次郎陸相、金谷範三参謀総長、武藤信義教育総監（陸軍三長官）の承認を得た。

九月一九日午前八時三〇分、林銑十郎《せんじゅうろう》朝鮮軍司令官より、飛行隊二個中隊を早朝に派遣し、混成旅団の出動を準備中との報告が入り、また午前一〇時一五分には混成旅団が午前一〇時頃より逐次出発との報告が入った。が、参謀本部は部隊の行動開始を奉勅命令下達まで見合わせるよう指示した。

二〇日午後陸軍三長官会議で、関東軍への兵力増派は閣議で決定されてから行うが、情勢が変化し状況暇なき場合には閣議に諮らずして適宜善処することを明日首相に了解させると議決した。

張学良が指揮する東北辺防軍の総兵力約二六万五〇〇〇に対して関東軍の兵力は約一万であったため、兵力増援がどうしても必要であった。そこで関東軍は二〇日、特務機関の謀略によって吉林に不穏状態をつくり、二一日居留民保護を名目に第二師団主力を吉林に派兵し、朝鮮軍の導入を画策した。

二一日午前一〇時の閣議で朝鮮軍の満洲派遣問題が討議されたが、南次郎陸相の必要論に同意する者は若槻禮次郎首相のみであった。

二一日、林朝鮮軍司令官は独断で混成第三九旅団に越境を命じ、午後一時二〇分、部隊は国境を越え関東軍の指揮下に入った。午後六時、南陸相に内示のうえ、金谷範三参謀総長は単独帷幄上奏《いあくじょうそう》〔註:陸海軍大臣・参謀総長（陸軍）・軍令部総長（海軍）などが軍機・軍令について、閣議を経ずに直接天皇に上奏すること〕によって天皇から直接朝鮮軍派遣の許可を得ようと参内したが、永田鉄山軍事課長らの強い反対があり、独断越境の事実の報告と陳謝にとどまった。

二一日夜、杉山元陸軍次官が若槻首相を訪れ、朝鮮軍の独断越境を明日の閣議で承認することを、天皇に今晩中に奏上してほしいと依頼したが、若槻首相は断った。

林朝鮮軍司令官の独断越境命令は翌二二日の閣議で大権干犯とされる可能性が強くなったため、陸軍内では、陸相・参謀総長の辞職が検討され、陸相が辞任した場合、現役将官から後任は出さず、予備役・後備役からの陸相任命を徹底妨害するつもりであった。増派問題は陸相辞任から内閣総辞職に至る可能性があった。

二二日の閣議開催前に、小磯国昭軍務局長が若槻首相に、朝鮮軍の行動の了解を求めると、若槻は「すでに出動した以上は仕方がない」と容認し、午前中の閣議では、出兵に異論を唱える閣僚はなく、朝鮮軍の満洲出兵に関する経費の支出が決定。天皇に奏上され、朝鮮軍の独断出兵は事後承認によって正式の派兵となった。

日本政府は、事件の翌一九日に緊急閣議を開いた。南次郎陸軍大臣はこれを関東軍の自衛行為と強調したが、幣原喜重郎外務大臣は関東軍の謀略との疑惑を表明、外交活動による解決を図ろうとした。

しかし、二一日に林銑十郎中将の朝鮮軍が独断で越境し満洲に侵攻したため、現地における小規模爆破事件であった柳条湖事件が国際的な事変に拡大した。二二日の閣議では「事変とみなす」ことに決し、二四日の閣議では「此上事変を拡大せしめざることに極力努むるの方針」を決した。林銑十郎は大命（宣戦の詔《しょう》勅《ちょく》）を待たずに行動したことから、独断越境司令官などと呼ばれた。

関東軍参謀は、軍司令官本庄繁を押し切り、政府の不拡大方針や、陸軍中央の局地解決方針を無視して、自衛のためと称して戦線を拡大する。独断越境した朝鮮軍の増援を得て、管轄外の北部満洲に進出し、翌一九三二（昭和七）年二月の哈爾浜占領によって、関東軍は中国東北部を制圧した。

これ以降、関東軍は満洲問題について専行して国策を決定し、実行するようになった。

なお、政府は事件勃発当初から関東軍の公式発表以外の内容の報道を規制したため、禁止件数は八月以降急激に飛躍的増加を示すに至った。その原因は、九月に於いて満洲事変の突発するにありという状況となった。さらに事件の日本人関与の事実を把握すると、一二月二七日通牒の記事差止命令に「張作霖の爆死と本邦人との間に何等かの関係あるか如く瑞摩せる事項」を入れて情報操作を強化した。

アメリカのスティムソン国務長官は幣原外務大臣に戦線不拡大を要求し、これを受けた幣原は、陸軍参謀総長金谷範三に電話で万里の長城や北京への侵攻を進めると英米との折衝が生じるため、戦線を奉天で止めるべきことを伝え、金谷陸軍総長はそれを承認した。この電話会談での不拡大路線の意志決定を幣原は駐日大使フォーブスに伝え、錦州までは進出しない旨を伝え、フォーブスはそれを本国にいるスティムソン国務長官に伝え、スティムソンは戦線不拡大を記者会見で伝える（スティムソン談話）。

しかし、金谷範三陸軍総長の抑制命令が届く前日に、石原莞爾ら関東軍は錦州攻撃を開始してしまう。スティムソンはこれに激怒する一方、関東軍も、軍事作戦の漏洩に激怒する。

一九三一（昭和六）年一〇月八日、関東軍の爆撃機一二機が、石原の作戦指導のもと遼寧省錦州を空襲した（錦州爆撃）。錦州には、奉天を放棄した張学良が拠点を移動していた。南次郎陸軍大臣は、若槻禮次郎首相に「中国軍の対空砲火を受けたため、止むを得ず取った自衛行為」と報告した。関東軍は「張学良は錦州に多数の兵力を集結させており、放置すれば日本の権益が侵害される恐れが強い。満蒙問題を速やかに解決するため、錦州政権を駆逐する必要がある」と公式発表した。

国際法上は、予防措置は自衛権の範囲であるが、のち国際連盟により派遣されたリットン調査団は自衛の範囲とは呼び難いと結論した。これによって、幣原の国際協調主義外交は国内外に指導力の欠如を露呈し大きなダメージを受けた。

―満洲において―

関東軍は、国際世論の批判を避けるため、あるいは陸軍中央からの支持を得るために、満洲全土の領土化ではなく、傀儡政権の樹立へと方針を早々に転換した。事変勃発から四日目のことである。

一九三一（昭和六）年九月二二日、天津の溥儀に決起を促し、代表者を派遣するよう連絡した。二三日、羅振玉（溥儀の家庭教師）が奉天の軍司令部を訪れ、板垣大佐に面会して宣統帝の復辟を嘆願し、吉林の熙洽、洮南の張海鵬、蒙古諸王を決起させることを約束した。羅振玉は宗社党の決起を促して回り、鄭孝胥ら清朝宗社党一派は復辟運動を展開した。同日、蒙古独立を目指して挙兵し失敗したパプチャップの子ガンジュルシャップが石原中佐を訪れ、蒙古の挙兵援助を嘆願し、軍は武器弾薬の援助を約束した。

特務機関長の土肥原賢二大佐は、清朝の最後の皇帝であった宣統帝《せんとうてい》・愛新覚羅《あいしんかくら》溥儀《ふぎ》に対し、日本軍に協力するよう説得にかかった。満洲民族の国家である清朝の復興を条件に、溥儀は新国家の皇帝となることに同意した。一一月一〇日に溥儀は天津の自宅を出て、一一月一三日に営口に到着し、旅順の日本軍の下に留まった。

一方で関東軍は、熙洽、張景恵ら、新国家側の受け皿となる勢力（地主、旧旗人層など）に働きかけ、各地で独立政権を作らせた。その上で、これらの政権の自発的統合という体裁をもって、新国家の樹立を図ったのである。

―日本政府において―

若槻禮次郎内閣は南次郎陸相、金谷範三参謀総長らとの連携によって、関東軍の北満進出と錦州攻略を阻止し、満洲国建国工作にも反対していた。

若槻内閣を見限った安達謙蔵内相は、三井、三菱、住友財閥が若槻内閣の永くないことを見込んで、円売りドル買いを仕掛けていたが、買い過ぎて窮地に陥っていたことを知り、積極財政政策を執る政友会と連合内閣を作り財界を救済し、さらに金輸出再禁止によって巨利を得させようと考え、民政党と政友会の連立内閣を画策した。

一九三一（昭和六）年一〇月二八日、安達内相は政友会との連立、すなわち協力内閣案を若槻禮次郎首相に提起した。民政党党人派の富田幸次郎、頼母木桂吉、山道襄一、中野正剛、永井柳太郎らが協力内閣に賛同していた。

若槻首相は挙国一致の内閣によって関東軍へのコントロールをより強化できるのではないかとの判断から

賛成し、井上準之助蔵相や幣原喜重郎外相に相談したが、外交方針、財政方針が異なるとして、強く反対され断念した。井上蔵相は、協力内閣は軍部を掣肘《せいちゅう》、統制するものではなく、軍部に媚びんとするものと認識していた。

政友会は一一月四日に政務調査会で金輸出再禁止を決定し、一〇日には議員総会で金輸出再禁止とともに「連盟の脱退をも辞せず」との決議を行った。倒閣の動きは政友会でも強まっており、一二月四日には政友会の山本悌二郎、鳩山一郎、森恪らが陸軍の今村均作戦課長、永田鉄山軍事課長、東條英機編制動員課長らと懇談するなど、政友会の有力者は陸軍にも直接働きかけていた。

一一月二一日、安達内相は風見章の起草した協力内閣樹立をめざす声明を発表し、安達配下の中野正剛が協力内閣工作を熱心に進め、一二月九日、久原房之助政友会幹事長と協力内閣に関する覚書を交わした。一二月一〇日、覚書を見せられた若槻内閣は、安達以外の閣僚と協力内閣反対の方針を確認し、安達に翻意を促した。しかし安達は拒否し、自邸に帰って、再三の閣議への出席要請に応じなかった。一二月一一日、若槻首相は閣議に出席しない安達内相に対して辞職を要求したが、安達は単独辞職を拒否したので、結局やむをえず総辞職を決定した。

若槻民政党総裁への大命再降下、犬養毅政友会総裁の単独内閣、民政党と政友会による連立内閣の三つの可能性があったが、一二月一三日、犬養内閣が誕生した。

犬養毅首相は、荒木貞夫陸相の就任条件として、満洲問題は軍部と相協力して積極的に解決することを約束し、森恪《つとむ》内閣書記官長が事変を積極的に推進した。

また、蔵相には高橋是清が就任し、金輸出再禁止（金解禁停止）を断行して、緊縮財政政策から積極財政政策に転換した。

一二月二三日、満蒙独立国家の建設を目指す「時局処理要綱案」が陸軍によって策定され、一九三二年（昭和七年）一月六日、独立国家建設を容認する、陸軍省、海軍省、外務省関係課長による三省協定案「**支那問題処理方針要綱**」が策定された。

一二月一七日と二七日に本土と朝鮮より満洲に兵力が増派され、一二月二八日より錦州を攻撃し、翌一九三二（昭和七）年一月三日に錦州を占領した。一月二八日、関東軍は参謀本部の承認のもとに、北満哈爾浜への出動を命じ、二月五日、哈爾浜を占領し、日本軍は満洲の主要都市をほとんどその支配下に置いた。

アメリカの国務長官スティムソンは、一九三二（昭和七）年一月七日に、日本の満洲全土の軍事制圧を中華民国の領土、行政の侵害とし、パリ不戦条約に違反する一切の取り決めを認めないと道義的勧告に訴え、日本と中華民国の両国に向けて通告した（いわゆるスティムソン・ドクトリン）。

―満洲国建国―

一九三二（昭和七）年二月初め頃には、関東軍は満洲全土をほぼ占領した。三月一日、満洲国の建国が宣言された。

国家元首にあたる執政には、清朝の廃帝愛新覚羅溥儀が就いた。国務総理には鄭孝胥《ていこうしょ》が就き、首都は新京（現在の長春）、元号は大同とされた。これらの発表は、東北行政委員会委員長張景恵《ちょうけいけい》の公館において行われた。三月九日には、溥儀の執政就任式が新京で行なわれた。（資料3）

（資料3）愛新覚羅溥儀

同年三月一二日、犬養毅内閣は「満蒙は中国本土から分離独立した政権の統治支配地域であり、遂次国家としての実質が備わるよう誘導する」と閣議決定した。

日本政府は、関東軍の独断行動に引きずられる結果となった。同年五月に五・一五事件が起き、政府の満洲国承認に慎重であった犬養は、反乱部隊の一人に暗殺された。

同年六月一四日、衆議院本会議において、満洲国承認決議案が全会一致で可決された。九月一五日には、大日本帝国（斎藤實内閣）と満洲国の間で**日満議定書**が締結され、在満日本人（主に朝鮮族日本人）の安全確保を基礎とした条約上の権益の承認と、関東軍の駐留が認められた。

熱河省主席湯玉麟《とうぎょくりん》は、満洲国建国宣言に署名したものの張学良と内通し、約三万にのぼる反満抗日の軍隊を育成していた。一方、満洲国と中華民国との国境山海関では、一九三二（昭和七）年秋以来小競り合いが散発していたが、一九三三（昭和八）年一月一日、関東軍は山海関を占領し、北支那への出口を押さえた。

一九三三（昭和八）年春、関東軍は熱河省を掃討することを決し満洲国軍主力及び第六師団、第八師団、歩兵第十四旅団、騎兵第四旅団による熱河作戦《ねっかさくせん》を計画した。熱河作戦は満洲国領土を確定するための熱河省と河北省への侵攻作戦であった。陸軍中央では万里の長城以北に作戦範囲を限定し、悪化する欧米諸国との関係を局限して国際連盟脱退を防ごうと考えていた。

二月下旬、第六師団及び騎兵第四旅団は行動を開始し、三月二日に凌源を、三日に平泉を、四日に承徳を陥落させ、三月中旬までに古北口、喜峰口付近の長城線を占領した。

中華民国は、何応欽《かおうきん》の指揮する中央軍約二〇万を直隷地区に進め、日本軍の南下に対抗させた。中華民国側は、三月下旬にはその兵力の一部を長城線の北方に進めた。これに対して、関東軍は、四月一一日に第六師団、歩兵第十四旅団、歩兵第三十三旅団をもって「灤東作戦《らんとうさくせん》」を開始し、長城を越えて中国軍を灤東以南に駆逐し、一九日、長城線に帰った。ところが、中国軍は撤収する日本軍を追尾して灤東地区に進出したので、五月八日、第六師団、第八師団は再び行動を起こし、五月一二日には、灤河を渡って北京に迫った。

しかし、リットン調査団の報告を受けて二四日の国際連盟総会で「中日紛争に関する国際連盟特別総会報告書」が決議されたが、この勧告を受けた後に熱河作戦を継続した場合、国際連盟規約第一六条（経済制裁）に抵触することとなり、勧告を無視して戦争に出た場合は連盟加盟国に対日宣戦の正当性を付与する可能性があり、或いは経済制裁の正当性を与え通商、金融の関係が途絶する可能性があったためである。このような制裁を防ぐため、外務省では陸軍中央の脱退尚早論を押し切る形で勧告前の連盟脱退を進めることとなった。

結果的に連盟外の米国が当初から経済制裁に反対の立場であったことや、連盟各国の沈黙と無視により中華民国ら小国による経済制裁の対日適用の要求は黙殺された。

一九三三（昭和八）年五月三一日、河北省塘沽《タンクー》において日本軍と中国軍との間で停戦協定（**塘沽協定《タンクーきょうてい》**）が締結された。これにより柳条湖事件に始まる満洲事変の軍事的衝突は停止された。しかし、これは中国側が満洲国を正式承認したものではなく、満洲の帰属は両国間の懸案事項として残されたままであった。

中華民国は、国際連盟による一九三二年決議を根拠に満洲の法的帰属と日本による民族自決への干渉を連盟社会で弾劾する外交政策を採用し、国権回復運動における主要な対象を日本人問題に措置することとなる。

日本は、中華民国蒋介石政府による条約の一方的破棄とそれに基づく満蒙地域、支那租界地域における中華民国行政官や軍隊組織による在留日本人への迫害を非難し、中国中央政府の馬賊に対する警察力の不足を口実とした日本人への殺害、暴行事件の放置に対抗するため実力組織による自衛行動を執らせることとなる。また満洲分離建国問題については、単なる新国家の承認問題として中華民国の外交的主張を無視した。

第二章　国際連盟

第一次世界大戦中の一九一八年一月八日、アメリカ合衆国大統領ウッドロウ・ウィルソンは一四ヵ条の平和原則を発表し、国際的平和維持機構の設立を呼びかけた。

この平和原則は、ドイツに対する講和条約の前提となり、パリ講和会議では連盟設立が重要議題の一つとなった。

講和会議後に締結されたヴェルサイユ条約、サン＝ジェルマン条約、トリアノン条約、ヌイイ条約、セーヴル条約の第一編は国際連盟規約となっており、これらの条約批准によって連盟は成立した。

参加国は四二ヵ国で、イギリス・フランス・日本・イタリアといった列強が常設理事会の常任理事国となった。一九三四年のソヴィエト連邦の加盟で加盟国数が六〇ヵ国に達したが、以降は脱退・除名等で加盟国が減少に転じている。

提唱者が大統領であるアメリカ合衆国自身は、上院外交委員長であったヘンリー・カボット・ロッジなどモンロー主義（註：アメリカ大陸とヨーロッパ大陸間の相互不干渉）を唱える上院の反対により各講和条約を批准せず、その後の政権も国際連盟には参加しなかった。また、ロシア革命直後のソヴィエト社会主義共和国連邦（一九三四年加盟）や敗戦国のドイツ（一九二六年加盟）は、当初は参加を認められなかった。

国際連盟の実態は、のちの国際連合とは異なり、最高決定機関は「理事会」ではなく「総会」であった。総会の決定方法は多数決ではなく「全会一致」を原則としていた。

また、たびたび議論が行われたものの、強制力を持つ軍を組織することが出来なかった。このため国際紛争において仲裁を行うための強制力を持つことが出来ず、紛争解決に独自の指導力を発揮出来なかったと指摘されている。唯、世界における現実の紛争に必ずしも有効な解決策を提示出来なかったとしても、史上初めて、国際機関として参加国の総意を以って意見を集約するという理念は、評価されるべきものと考えられている。

日本の外交官芳澤謙吉は、駐華全権公使から一九三〇（昭和五）年、駐仏全権大使に就任した。（資料4）フランス駐劄《ちゅうさつ》の全権大使は職務上、連盟における常任代表であり、従がって理事会における日本代表の理事であった。

当時の国際連盟の総会は、毎年一回例会としてスイスのジュネーブで開催され、理事会は五月、九月、一二月の三回あり、ジュネーブの国際連盟本部で開催された。

　理事会議長　ルルー外相（スペイン）、ブリアン外相（仏）
　事務局事務総長　エリック・ドラモン卿（英）
　事務部長　杉村陽太郎（日・公使クラス）
　事務部　　原田健（日・前イタリア大使）

日本政府は、パリ・メトロポールホテルに連盟事務局を設置し、
　連盟事務局長　佐藤尚武（～昭和六年春ベルギー大使へ転出）↓沢田節蔵（昭和六年夏～）
　次長　　　　伊藤述史（法律問題担当）
　書記官　　　坂本瑞男・松本俊一　らが務めた。

（資料4）芳澤謙吉

当時のフランス日本大使館は、官邸がパリのアヴェニウ・オッシュ七番地にあり、事務所はグルーズにあった。

その陣容は、

参事官　河合博之（後のポーランド全権公使）↓　栗山茂（後のベルギー大使）
二等書記官　日高信六郎（後のイタリア大使）
三等書記官　曽祢益　芳澤の秘書官（後の民社党初代書記長）
外交官補　萩原徹（後のカナダ大使）であった。

では、その駐仏全権大使芳澤謙吉の眼から見た満洲事変時の緊迫した国際連盟の状況を、継時的に芳澤の言葉で紹介してみよう（芳澤謙吉：『外交六十年』自由アジア社　一九五八年）。

芳澤は就任後、一九三〇（昭和五）年五月、九月、一二月の理事会と総会に出席した。

当時のヨーロッパ諸国の関心事は、少数民族問題で、特にポーランド領となった地方におけるドイツ人の問題で、相当深刻な論議が展開されていた。

それは、第一次ヨーロッパ大戦に敗北したドイツのシレジア地方が、ポーランドに割譲された結果として、同地方に在住するドイツ人はポーランド政府及び人民から迫害されたというので、ドイツ代表より連盟に救済方の申し出があり、ポーランド、ドイツ両代表間に相当激しい論戦が行われた。

これが当時のヨーロッパにおける、いわゆる少数民族問題なるものの代表的なもので、日本の代表はこの問題担当の主任者であった。

この問題は、ドイツ、ポーランドは勿論、ヨーロッパ諸国にとって非常に関心が持たれており、国際連盟事務局長の佐藤尚武の補佐を受けて行使したとしている。

一九三一（昭和六）年五月まで、日本に直接関係ある問題はなかったが、同年九月に至り、突然、日本関係の大問題が起こり、理事会で大論議が展開されて行くことになったのである。

一九三一（昭和六）年九月一九日早朝、官邸の芳澤の下に日本代表団事務所より「奉天にて大問題が起きているので代表部に至急来られたし」との電話が入った。

代表部に着くと「東京から未だ公電が来てないが、外国代表部には奉天で大事件が起きたという電報が続々と到着している。また新聞電報にも同一の事柄が報道されている」と伝えられた。

午前一〇時頃、連盟議長（スペイン・ルルー外相）の命でスペイン第二全権のド・マダリアーガが「奉天で大事件が突発したとの電報が来た。連盟の内部で大センセーションを起こしているので、事件の内容を話して貰いたい」というのである。

しかし、芳澤にとっては全くの寝耳に水であり、何とも答えようがない。やむなく「その事件は新聞報道で承知しているが、日本政府の公電がまだ来ていないので、確かなことを申し上げる訳にはいかない。公電が到着次第内容をお知らせする」と答え、引き取らせる。

やがて、幣原喜重郎外務大臣から公電が到着した。

その内容は、

「奉天の柳条湖で支那兵が満鉄の線路を破壊したので、我が軍は居留民保護のため、付属地外の奉天市中に軍隊を出動せしめた。しかし、陸軍大臣より出兵軍憲に、これ以上事件を拡大せぬようにせよ、と云う電訓が発せられたから、事件はこのまま収まるだろう」と云うものであった。

早速、この電文の内容を約束通りマダリアーガ全権に通知してやった。マダリアーガ全権としては、連盟の人達に説明しなければならない立場であるから、実情を早く知りたかったのである。芳澤の下にはこの電報一通が届いただけであった。

一方、支那代表部の支那全権・施肇基《しじょうき》博士の下には、続々詳細電報が入っており、これを逐一連盟事務局に報告していた。

連盟事務局では、天津をはじめ中国各地から中国代表部に来る情報により非常に興奮し、理事会を開催して討議せよという雰囲気になって来た。

芳澤が「日本政府の公電によれば、まもなく事態が収まるという事であるから、理事会の問題にする必要もなかろう」と説明したので、一時は連盟の方でもこれを信用し鳴りを静めた。

だが、何といっても支那の代表部を始め各国代表部に続々と事態の急を告げる新しい情報が入り、芳澤の方へも「我が軍は奉天に次いで長春も占領し、更に吉林に急行した」との電報が来たので、事態はだいぶ複雑になって来た。

幣原外務大臣からは、事態はこれ以上拡大させないと言って来たにも拘らず、事実は益々拡大して行くのだから連盟に説明のしようがない。そのため、連盟が「どうしても、理事会を開催したい」という意向に芳澤はしぶしぶ同意せざるを得なかった。

九月二二日午後、連盟本部大会議室で緊急理事会が開催され、一四人の理事全員が出席した。

支那全権施肇基博士が、沢山の電報の束を持って来て、長々と奉天事件の報告を行った。芳澤は「奉天に於ける鉄道付属地及び付属地外に於ける治安が乱れているため、日本居留民の生命財産が不安となった。よって付属地外に軍隊を繰り出したのである。然し、治安さえ回復すれば軍隊は直ちに付属地内に引き揚げる云々」との趣旨の電報に基づき応酬するより仕方なかった。

事実は、拡大しないという日本の公電とは逆に事態は拡大する一方である。したがって、各国全権は、いきり立ち理事会の情勢は回を重ねるごとに険悪の一途を辿ることになった。

九月二四日理事会の休憩時間に、ダランジ外相（伊）・セシル卿全権（英）・ブリアン外相（仏）が芳澤を取り囲み「早急に事態を収拾しないと、各国の対日感情は悪化するばかりだ」と忠告して来た。

芳澤はセシル卿に「あなた方はそういうことを言われるが、支那に於いては斯くの如き事件はしばしば起きている。この間も貴国の宣教師が土匪《どひ》に拉致されたが、支那政府はこれを取り返すことが出来なかったではないか。支那の治安を回復することは、列強共通の問題である」と対応したところ、セシル卿もそれ以上は反対しなかった。この様な論議を九月三〇日まで続けた。

施肇基支那全権は、毎日のように日本軍の暴状を列挙した電報を読みあげて宣伝にこれ努める。

これに対し芳澤は「支那に於いてはまだ政治が安定しないので、その治安を維持するため、我が軍は出動したのである」と支那の一般的欠陥を指摘して応戦に努めたのである。

九月三〇日理事会で、「日本全権の説明によれば事件は拡大しないし、そのうちに治安が回復すれば軍隊を撤退するとの事だから、とにかく成り行きを見届けよう」と決議して、一〇月中旬に理事会の再開を約して散会した。

その後も、満洲での事態はますます悪化するばかりで不拡大方針一本やりでは、連盟における日本の立場は苦しくなるばかりである。

そこで芳澤は、この様な姑息的な説明は止めて、満洲に関し日本の堅持してきた態度を直裁簡明に披露した方が良いと考えて、

『日本は満洲に対し特殊の権益を持つもので、これを保障するため軍隊を付属地外に出動したのである。支那政府が我が方の権益を保障し得るに至れば、いつでも撤兵すると男らしく出た方が得策だと思う』と、一〇月五日政府に具申したが、日本政府の回答はなかった。

そのうちに事態は益々拡大し、外務省の公電に「北満工作」という新語が現れた。治安回復次第撤退するという訓令とは全く逆の方へ進んでいるようで、芳澤もこれは全く意外な大事件になって来たと思い知らされた。

一〇月一四日に再開される予定の理事会は、満洲における事態悪化のため二日繰り上げられ一二日に開会されることになった。

一〇月一二日午後、理事会に出席したところ、各国全権の間に今度の理事会に米国代表を参加させるという議論が行われ、前と全く様子が変わっている。

芳澤は「連盟外の米国を理事会に参加させることは、連盟の憲章に反する」と主張し米国の参加に強く反対した。すると、英仏の全権が特に主張して曲げず、芳澤が「米国の参加は憲章上の問題だから満場一致の

く対立した。

議決を要する」と主張したのに対し、「手続き上の問題だから多数決で可なり」という英、仏の全権とは鋭

　日本代表部の事務局次長の伊藤述史は、英・仏語がよく出来、その上法律にも通じていたので、今回の米国参加の問題は連盟憲章の解釈が問題であるので、日本の主張の法的根拠を書かせ、これを各国代表部に配布した。

　米国をオブザーバーとして参列させたいと主張を曲げないので、遂に理事会に付議することとなった。

　一〇月一五日理事会は、米国をオブザーバーとして出席させるかどうかを論議するために秘密会として開かれた。

　芳澤は「連盟の構成に鑑み、飽くまで米国代表をオブザーバーとして参加させることに同意できない」と反対した。

　一六：〇〇～一九：〇〇の三時間にわたる論議の末、遂に採決という事になった。

　表決の結果、一三対一で破れ、参加させることが可となった。

　この秘密会では、仏全権ブリアンと英全権レデイングが代わる代わる芳澤に一問一答で迫って来た。これに対し、もし一言でも間違えれば大変なことになるので、法律上の質問には法律に造詣の深い伊藤述史次長に相談し答弁したものである。

　芳澤はのちに、国際連盟での満洲事変論戦の時で、最も緊張し苦悩したのは、この一三対一での裁決の時

であったと回想している。

また芳澤は、昭和八年の連盟総会に松岡洋右全権が出席して四二対一の決議が行われた当時は、我が国が既に連盟脱退を決意したのちの事であったから、我が代表部としてそれほど苦労しなかったのであるが、米国の理事会参加の可否を決する昭和六年一〇月一五日の理事会においては、満洲事変勃発の直後であり、事変処理の方針も何ら決定していないので、我が代表部での苦心は一方ならぬものがあった、とも回想している。

この日の決定に基づいて、理事会には米国のジュネーブ駐在総領事ギルバートがオブザーバーとして出席して来た。

当時の米国の国務長官は日本にもよく知られたスティムソン氏であったが、スティムソン長官は中々慎重な人で、毎日長距離電話でギルバート氏を呼び出し、現地の詳細な報告を聞き取り、これに対して一々指示を与えていた、と個人的に懇意になったギルバート氏が内輪話をしてくれたそうである。

また、支那の全権施肇基氏は英語に熟達したジェントルマンで、芳澤とは議場で激烈な論争を続けたが、議場外で、芳澤が彼に対し「議場内に於いてはお互いに敵であるが、議場外に於いてはお互いに友である」と述べて握手したところ、同氏も笑って同感の意を表してくれた、とも述べている。

その頃、日本の幣原外相は駐日支那公使蒋作賓《しょうさくひん》に「**五ヵ条の根本原則**」を内示し満洲事変を解決しようとしていた。

その「五ヵ条の根本原則」とは、

一、相互的侵略政策及び行動の否認
二、支那領土保全の尊重
三、相互に通商の自由を妨害し及び国際的増悪の念を扇動する組織的運動の徹底的取締
四、満洲の各地に於ける帝国臣民の一切の平和的業務に対する有効なる保護
五、満洲に於ける帝国の条約上の権益尊重　であった。

日本政府からは芳澤に内容を電報して来たが、これは各国の理事に話してはならぬとの条件付きであった。芳澤は「東京に於いて日本政府と支那公使との間に五ヵ条の原則で、満洲事変解決の交渉をしている」ことを、各国理事、ドラモンド事務総長に話したら、「その根本原則なるものはどんなものか」と質問を受けるも、話してはならぬという訓令、又、再三、外務大臣に内容をこの人達に話すことを電報したが「公開理事会は勿論のこと秘密理事会に於いても内容を漏らしてはならない」という回訓であった。

この根本原則はそれほど重大な意味のものではなかったにも拘らず、結局支那の受け入れるところとはならなかった。もしこれを支那が承諾していれば満洲問題は当時直ぐに解決していたかも知れないほどのものであった、と芳澤は述懐している。

一〇月二四日最後の理事会「日本への期限付き満洲撤兵勧告案」の討議に於いて、芳澤は「日本は五ヵ条の根本原則を以って、支那と交渉を纏めている」と提案したけれども、「内容が説明できないような五ヵ条の根本原則とやらに基づく解決案に対しては賛成できない」と反対され、支那との交渉段階に入っている事件解決案も、その内容の説明を政府から許されないばかりに、またもや一三対一で敗れ去ったのである。

何が故に日本政府が、いわゆる根本原則なるものを斯くの如く秘密にしていたのか、芳澤には（大東亜戦争）戦後も理解できないと憤懣やるかたない心境を吐露している。

芳澤に対し秘密厳命の訓令を与えておきながら、一〇月二四日理事会が終わり、芳澤がジュネーブからパリに帰任した二六日、東京に於いて新聞に発表したそうで、芳澤は驚愕し、幣原外相に詰問したところ弁解の電報が返ってきたそうである。

一一月一六日満洲問題に関する第三次連盟理事会がパリのフランス外務省で開かれた。

芳澤に、日本政府から「馬占山《ばせんざん》が松花江支流のノンニの鉄橋を破壊したので、これを修理するため工兵及び歩兵を若干派遣した。然し鉄橋の修理は二週間くらいで終わる見込みであるから、修理完了次第我が軍は南方のタオナンへ引き揚げる」との訓令を受けたので議長のブリアンに、その旨を報告方々説明した。

ブリアンは、地図を取り寄せ、ノンニやタオナンの地点を指して「ずいぶん遠くまでやるね。そんなに遠くまでやらんでもよいではないか」と詰問的なことを言ったが、一応納得してくれた。

然るに二週間後鉄橋の修理は済んだが、軍隊は南方のタオナンに引き上げる代わりに北進して斉斉哈爾《チチハル》を占領した。

外務大臣から、君だけの含みであるがとして「斉斉哈爾を占領した軍隊は一二月五日までに引き揚げる」との電報が来た。

それから、又、関東軍は錦州を爆撃したので連盟における反日の空気が更に猛烈になった。

本庄繁司令官がいよいよ錦州城に向かいつつあるという、新聞電報を見た人たちが、本庄将軍が虎や獅子のような人物の如く批評するので、本庄と云う人物は虎でもなく獅子でもなく羊の様な柔和な人物であると言って笑い返したそうである。そうすると各国の人達はそのような羊のような人がこんな猛烈な事をどうしてやり得るのかと不思議な顔をしたそうである。その頃パリ市中の新聞では、芳澤の事を「頑冥不霊（アントランシジァン）の人物」と評していたそうである。

当時の日本代表部は多忙を極め、毎日夜の二時、三時頃まで勤務していた。忙しいのはこちらばかりでなく、米国代表部には英国駐在のドース大使が援助に来ていた。日本方にも、助人として英国大使・松平恒雄、イタリア大使・吉田茂が駆け付けてくれ芳澤を援助してくれた。すなわち、芳澤がフランス代表部、松平が英国代表部、吉田がイタリア代表部と手分けして対応に当たり、各国代表部との連絡に手落ちの無いように努めた。

各国理事もなにかと局面打開に苦労していた。

一一月二一日理事会において「対支調査委員を派遣すること」の方針を決定した。エリック・ドラモント事務総長と杉村陽太郎部長との間で検討した結果、いわゆる「リットン調査団」を派遣することになり、芳澤も、日本政府もこれを承認した。

調査団派遣は一二月一〇日の最後の理事会において確定した。

一二月一一日、若槻禮次郎内閣総辞職の後、犬養毅政友会総裁が新たに内閣を組織し、一二日芳澤は外務大臣就任方の電文に接した。受諾返電をしたところ、重ねて政府からシベリア経由で至急帰朝するよう命じられた。

芳澤は、フランス政府の要人、特にブリアン外相に懇ろに挨拶し、各国全権にも暇乞いをして、一二月二七日パリを発ち、二八日ベルリンに到着した。ここで小幡酉吉駐独大使から、満洲事変の状況を聞くに至った。

次いで、ロシアのモスクワに到着。クレムリン宮殿にて、広田弘毅駐露大使と共にリトヴィノフ外相・カラハン次官と面談（カラハンとは、芳澤が駐支公使時代、彼が北京駐ソ連大使時代に「日露基本条約」を締結した仲）し、リトヴィノフ外相より『日本と不侵略条約を締結したい』との提案を受けるも、即答を避けた。三一日モスクワ発、シベリア鉄道にて一路満洲を目指す。奉天で本庄繁関東軍司令官と面談し、初めて満洲事変の詳細を知るに至った。


そのようなため、リットン調査団の一行とは東京で初めて顔を合わせている。


後任大使には長岡春一が就任した。

長岡は、一九二六（大正一五・昭和元）年に駐独大使後待命し、一九三二年に駐仏大使に就任した。駐仏大使の時の一九三三年（昭和八）年の国際連盟総会でリットン報告書の採択の際に松岡洋右、佐藤尚武らと共に、国際連盟総会の議場から退場している。


その次の後任大使には、佐藤尚武が就任した。

佐藤は、駐ベルギー特命全権大使在任時の一九三一年九月、国際連盟第一二回総会に出席中、満洲事変勃発の報が入り、直後の国際連盟第六五回理事会で中国の理事からの非難に直面することとなる。続く第六六回理事会は、第一次上海事変の後に開かれ、ここで佐藤は世界からの非難を一身に受けながら日本の立場の説明を行うとともに、政府に対しては自制を訴えた。

しかし日本は満洲国を承認。一九三三年（昭和八）年の国際連盟総会でリットン調査団による報告書の採択の際は、代表団の一員として松岡洋右主席代表や長岡春一駐仏大使とともに議場を退席した。

同年、駐仏特命全権大使に就任した。一九三七（昭和一二）年、林銑十郎内閣で外務大臣に就任した。

芳澤が外務大臣に就任した一九三二（昭和七）年一月～三月、中国の上海共同租界周辺で日華両軍の衝突が勃発した（第一次上海事件）。

のちに、上海公使館付陸軍武官補佐官だった田中隆吉少佐は、自らが計画した謀略であったと証言している。田中少佐によると、柳条湖事件の首謀者板垣征四郎大佐と関東軍高級参謀石原莞爾中佐らの依頼によって、世界の目を他にそらすために計画し、実行者は憲兵大尉の重藤憲史と「東洋のマタ・ハリ」川島芳子であったという。

田中の証言によると、彼の愛人であった川島芳子が中国人の殺し屋を雇い、一九三二年一月一八日の夕、上海の馬玉山路を、団扇太鼓を鳴らしながら勤行していた日蓮宗僧侶を襲わせた（上海日本人僧侶襲撃事件）。この事件が、中国人に反感を抱いていた上海の日本人居留民の怒りを爆発させ、青年団が中国人街を襲い、各所で暴力事件が続発したため、上海の工部局は戒厳令を敷いた。治安悪化で日本人が不安に駆られる中、田中隆吉の工作による発砲事件により、日華両軍の軍事衝突が起きたとされる。

上海事変は満洲事変から列強の目を逸らすという目的を達したものといえる。国際都市上海を戦場に変え、世界世論の注目を浴びた戦闘は、二月二二日、日本陸軍第二四旅団（久留米）が中国軍十九路軍の陣地を攻撃した際に、中国軍陣地前面にある鉄条網を破壊する破壊筒（四メートルの筒に爆薬二〇キロを装填）を運搬した兵士たちの突撃が、犠牲的精神の発露であるとされた。

一九三二（昭和七）年三月、関東軍の主導のもと同地域は中華民国からの独立を宣言し、満洲国の建国に至った。元首（満洲国執政、後に満洲国皇帝）には清朝最後の皇帝・愛新覚羅溥儀が就いた。

満洲国は建国にあたって自らを満洲民族、漢民族、蒙古民族からなる「満洲人、満人」による民族自決の原則に基づく国民国家であるとし、建国理念として日本人、漢人、朝鮮人、満洲人、蒙古人による五族協和と王道楽土を掲げた。

第三章　リットン調査団

調査委員会設置の過程

一九三一（昭和六）年九月一八日、いわゆる「満洲事変」が勃発した。

支那政府は三日後の二一日、国際連盟規約第一一条に基づき、紛争の拡大防止を連盟に提訴した。それを受けて国際連盟理事会が開かれたのは九月三〇日であった。

国際連盟・九月三〇日の理事会決議

一、理事会議長が、日支両国に行った緊急の要請に対し、両国が寄せた回答及びこの要請に従がってなされた措置を書き留め置く。

二、日本が、満洲に於いて何ら領土的野心を懐いていないという、日本政府の声明の重要性を認める。

三、日本政府の、日本国民の生命の安全と財産保護が有効に確保されるに従い、日本の軍隊（関東軍）を鉄道（南満洲鉄道）付属地内に撤収させるため、すでに始められた撤収を出来るだけ速やかに続けるべく、かつ短期間内にこの意向を実現したい、という日本代表の声明を書き留め置く。

四、支那政府の、日本の軍隊が撤収を続け、支那の地方官憲および警察力が回復されるに従い、鉄道付属地外における日本国民の生命の安全と財産保護について責任を負うという、支那代表の声明を書き留め置く。

五、両国政府が、両国間の平和や良好な了解を乱すおそれある一切の行為を避けたいと願っていることを信じ、事件を拡大したり、事態を悪化させたりしないために、両国政府がそれぞれ必要な措置をとるという、保障を与えられた事実を書き留め置く。

六、両当事国に対し、通常関係の回復を促進し、そのために前記約束の実行を続け、それを速やかに終了させるため、両国が一切の手段を尽くすべきことを要求する。
七、両国に対し、事態の進展に関する全情報をしばしば理事会に送付するよう要求する。
八、緊急会合を余儀なくするような事件が発生しない限り、（一九三一年）一〇月一四日（水曜日）に、その時点での事態を審査するため、再度ジュネーブで会合を開く。
九、理事会議長が、同僚や特に両国代表に意見を求めたのち、事態の進展に関して両国や他の理事会員から得た情報を総合し、前記理事会を招集する必要がないと判断した場合は、その招集を取り消すことを議長に許可する。

以上のような決議にいたる検討中、支那代表は次の様な見解を表明した。
「日本の軍隊・警官のすみやかで完全な撤収、および完全な原状回復を実現するために理事会がなすべき最良の方法は、中立的な委員会を満洲に派遣することだ」と提案した。

国際連盟・一〇月一三日から二四日の理事会
理事会は紛争について検討するため、更に一〇月一三日から二四日まで会議を開催したが、会議で、支那政府より提案された決議に対し日本代表が反対したため、全会一致はならなかった。

国際連盟・一一月一六日から一二月一〇日のパリでの理事会
理事会は再度一一月一六日、パリで会合を開き、約四週間、熱心に事態の研究に当たった。

一一月二一日、日本代表は、「九月三〇日の決議」の精神並びに条項が守られることを日本政府は願っていると前置きしたうえで、「一団の調査委員会を現地（満洲）に送ること」を提案した。その提案は理事会全員に歓迎された。

国際連盟・一二月一〇日の理事会決議

理事会は、以下の決議を全会一致で採択した。

第一項　両当事国が「尊守する」と宣言した全会一致の「九月三〇日の決議」を再び確認する。その決議に基づいて日本軍の鉄道付属地内への撤収がなるべく速やかに実行されるよう、理事会は日支両国政府に対して、必要なあらゆる手段をとることを要請する。

第二項　一〇月二四日の理事会以来、事態がさらに重大化した（政情安定のための関東軍による斉斉哈爾占領などを指す）ため、理事会は、両当事国が事態の更なる悪化を避けるのに必要なあらゆる措置をとり、このうえ更に戦闘や死傷者を出すような行動は差し控えると約束した事を了承する。

第三項　両当事国に対し、情勢の進展について引き続き理事会に通報するよう要求する。

第四項　その他の理事国に対しては、関係地域に居る代表者よりもたらされた情報を理事会に提供するよう求める。

第五項　上記のような諸措置の実行とは関係なく、

・本件の特殊な事情を考え合わせた時、日支両国政府が紛争の根本的解決に寄与することを希望する。

・現地調査を行い、国際関係に影響を及ぼしたり、両国間の平和や良好な了解を乱す恐れのある一切の事情に関して理事会に報告するため、五名で構成される委員会(リットン調査団)を任命することを決める。

・両国政府はこの調査委員会を助けるため、それぞれ一名の参与員を指名する権利をもつ。日支政府は委員会が必要とする全ての情報を現地で入手するための便宜を図る。
・両当事国が何らかの交渉を開始した場合、その交渉は委員会の任務の範囲内には入らず、またどちらの当事国が軍事的措置を取った場合も、それに干渉することは委員会の権限には属さないものと了解する。
・本委員会の任命および審議は、日本軍の鉄道付属地外からの撤収に関して「九月三〇日の決議」のなかで日本政府が与えた約束に何ら影響を及ぼすものではない。

第六項　現在より一九三二年一月二五日に開かれる次回理事会までの間、本件は理事会に属するものとし、議長が本件の経過を注視し、もし必要と判断した時は改めて会合を招集する。

前記決議を採用するに当たって、ブリアン議長（仏）は次のように宣言した。
――ここに提出された決議は、異なる二つの方針に則って措置すべきである。すなわち、①平和に対する直接的な脅威を終息させること（停戦）と、②二国間に存在する紛争の原因の究極的解決を容易にすること（調停）である。
日支両国の関係を乱すことになった事情についての調査はそれ自体望ましいことであるが、今回の会期中、そのような調査を両当事国が受け入れたことは理事会としても喜びとするところである。したがって理事会は、一一月二一日に提出された「委員会設置案」を歓迎する。決議の末項は、右委員会の任命および職能について規定する――。

また、決議について項を追って説明したいとして、

第一項　本項は、九月三〇日の理事会が全会一致で採択した決議を再び確認し、その決議中に記された条件の下、日本軍がなるべく速やかに鉄道付属地内に撤収することを強調するものである。理事会はこの決議を最重要視している。両国政府が九月三〇日の決議でなした約束を完全に実行するよう努力することを確信している。

第二項　前回の理事会以来、事態が大いに悪化し、憂慮すべき種々の事件が発生した事は不幸にして事実である。この上戦闘を引き起こすようなあらゆる行動を差し控えることが最も必要とされる。

第三項　（註：一二月一〇日の理事会決議に準じる為、省略されている）

第四項　（一二月一〇日の決議）第四に基づき、当事国以外の理事国も、現地にいる自国の代表者より得た情報を引き続き理事会に提出されることを要求される。

この種の情報は、これまでにおいても極めて価値が高いことが判っているので、そのような代表者を（満洲の）各地に派遣できる列強はこれまで通り、いや、更に現在のシステムを改善するために出来る限りのことをすることに同意する。そのため、両当事国に希望することは、各国の代表者を派遣すべき地点を各国に指示する事である。それに関して、各国は両当事国と接触を保つべきである。

第五項　本項は調査委員会（リットン調査団）の設置を規定している。本委員会は純粋に諮問的な性質を持っているが、その任務は広範にわたる。

本委員会が「調査する必要がある」と認めた問題は、それが国際関係に影響を及ぼし、また日支間の平和や良好な了解を乱す恐れがある限り、原則として除外されることはない。両国政府はとくに審査を希望する問題について、委員会に調査を依頼する権利がある。委員会は何が理事会に報告すべき問題であるかを十分に考慮し、それが望ましい場合には「中間報告」をなす権能を持っている。

「九月三〇日の決議」にしたがって両当事国のなした約束が、委員会の到着時までに実行されない場合、委員会は出来るだけすみやかに理事会に対し、その事態を報告する。

また本項には特に、「両当事国が何らかの交渉を開始した場合、その交渉は委員会の任務の範囲内に入らず、またどちらかの当事国が軍事的措置をとった場合も、それに干渉することは委員会の権限には属さない」と規定されているが、この後段の規定は何ら委員会の調査機能を制限するものではない。また、委員会が報告に必要な情報を得るためにとる行動が十分な自由を保障されていることはいうまでもない。とした。

日本代表は決議を受諾するにあたって、決議第二項に関する留保を行った。

「本項は、満洲各地で猛威をふるう匪賊（反日ゲリラ）及び不逞分子の活動に対し、日本軍が日本国民の生命と財産の保護に必要な行動をとることを妨げる趣旨ではないという了解の下に日本政府の名において本項を受諾する」と述べた。

支那代表は決議を受諾したが、「原則」に関する意見および留保が次のように議事録に挿入されることを求めた。

一、国際連盟規約にある全ての規定、また支那が加盟する条約、国際法および国際慣例で認められた原則に基づき、支那が有し、また有すべき一切の権利、救済方法および法律的地位を完全に留保することを必要とし、またそれを留保する。

二、支那は、理事会の決議および理事会議長の声明によって明らかになった措置を必要と認め、それと相関係にある以下の四つの要素を実際的措置と認める。
イ　敵対行為の即時停止
ロ　日本の満洲占領を可能な限り短期間に清算すること
ハ　今後生じ得るすべての事件に関する中立国人の観察及び報告
ニ　理事会の任命した委員会による全満洲の事態に関する包括的な現地調査
右の措置は条項および精神において「原則」に基づくものであるから、一項目でも予定どおり具体化・現実化されない場合は、完全性は明白に破壊されるというべきだ。
三、委員会が現地に到着したとき日本軍の撤収が完了していなかった場合、撤収に関して調査・勧告することが委員会の第一任務であることを、支那は了解し希望する。
四、支那は、右の協定が満洲における最近の事件（満洲事変）によって発生した支那及び支那人に対する損害賠償の問題を直接的にも間接的にも害することがないものと想定し、この点に関して特別な留保をなす。
五、ここに提出された決議を受諾するにあたり、支那は、理事会がこのうえ戦闘を引き起こすような行為や事態を悪化させる恐れのある行動を避けるよう支日両国に命令し、それによってこれ以上の戦闘や流血の惨を阻止しようとした努力に対し感謝する。決議が終息させようとしている事態（満洲事変）から生じた無法状態が存在することを口実に、右の命令を破ってはならないことは明白に指摘しておかなくてはならない。現に満洲の無法状態の多くは日本軍の侵入によって通常生活が中断されたことによるところが大きい。通常の平和的な生活を回復する唯一つの確実な方法は、日本軍の撤収を迅速に行わせ、支那官憲が平和と秩序維持の責任を負う事にある。支那は、それが如何なる外国の軍隊であり、侵入や占領を許さない。外国の軍隊が支那官憲の警察職務を侵すことは一層許しがたいことである。

六、支那は、他の列国の代表者たちが中立的意見や報告をなすという現在の方法を継続すること、及びそれを改善しようという意向については満足している。そこで支那は、そうした代表者が派遣されることが望ましいと考えられる地方を必要に応じて指示していく。

七、日本軍への鉄道付属地内への撤収を規定する決議を受諾するにあたり、支那は鉄道付属地内の軍隊維持に関して、これまでとってきた態度を何ら放棄するものではないことを諒解されるよう望む。

八、支那は、領土的・行政的保全を害するような政治的紛争（例えば満洲独立運動を助けるような、またはそのために不逞分子を利用するような動き）を挑発しようとする日本側の試みは、事態のこれ以上の悪化を避けるべきだという約束に対する明白な違反と見なす。

などを議事録に挿入することを求めた。

調査委員会委員の任命

調査委員会の委員は、理事会によって選ばれ、両当事国からも賛成を得たうえ、最終的には一九三二年一月一四日に理事会で承認された。

調査団のメンバーは、日本側の希望によって当時〝Ｔｈｅ　Ｐｏｗｅｒｓ〟と呼ばれる「列強」に限られることになった。

調査団の委員構成

国際連盟理事会は、五名の委員からなる調査団を極東に派遣することを決定し、委員の人選は連盟理事会議長によってなされた。

委員の五名は、

ヴィクター・ブルワー＝リットン（イギリス）五六歳：枢密顧問官・元英領インド帝国代理総督（植民地行政経験）

アンリ・クローデル陸軍中将（フランス）六二歳：フランス植民地軍総監

ルイージ・アルドロバンディ・マレスコッティ（イタリア）五六歳：元駐独大使

ハインリッヒ・シュネー博士（ドイツ）六一歳：国会議員・元独領東アフリカ総督（拓殖問題権威）

フランク・ロス・マッコイ陸軍少将（アメリカ）五九歳：陸軍軍人（キューバ占領に際し軍政経験・フィリッピン滞在中の大正一二年関東大震災の際、フィリッピンから救援物資を携えて日本に急行した）・セオドア・ルーズベルト大統領の副官であり、スティムソン国務長官の旧友で信頼が厚かった。

委員の互選により、イギリスのリットン伯爵が委員長となり、以後、**リットン調査団**と通称された。

また右記の他に、紛争当事国からのオブザーバーとして、

吉田伊三郎（日本・前トルコ大使）：外交官

顧維鈞《こいきん》（中華民国・外相・前首相代理）：外交官

も参与員として参加した。

国際連盟事務総長は、国際連盟事務局部長ロベール・アース（仏）に調査委員会の事務総長を委嘱した。

委員会はその事業に関し、以下の人達から専門的な助言を受けるようにと、アメリカ人のG・H・ブレイクスリー（米クラーク大学の歴史と国際関係論の教授・法学博士）、C・ウォルター・ヤング博士（文学博士・ニューヨークの「世界時事問題協会」極東代表者）、デネリー氏（フランスの大学教授）、ベン・ドルフマン氏（文学士及び文学修士）などを参加させた。

また、事務総長は、書記局員として、フォン・コッツェ氏（独・国際事務局に関する事務担当の事務次長補佐員）、アドリアヌス・ペルト氏（蘭・情報部員）、シャレール氏（伊・情報部員）、パスチューホフ氏（元はロシア人でチェコ国籍・政治部員）、W・W・アスター氏（臨時事務局員、委員長の秘書役）、ジュヴレー少佐（フランス軍医・クローデル将軍の随員）、ビッドル中尉（マッコイ将軍の随員）、ドペイール氏（在横浜フランス副領事・日本語通訳者）などを配慮した。

連盟事務局からはハース交通部長が派遣された。

調査団委員の間の討議はすべて英語で行う事が建前となっていたが、英語があまり得意でないフランスのクローデル将軍の発言だけは、今度の調査団の旅行に加わったフランス植民地軍の軍医ジュヴレー少佐により英語に通訳された。時にはフランス語が使用されることがあったが、その際フランス語を十分に理解出来ない委員には英訳文のコピーが渡された。

調査団の報告を含め、国際連盟の公式文書は、常に英仏両語で発表された。

各国の随員は一国につき最高一三名までとし、タイプライターを打つためのタイピストを八名とした。

この結果、総計では五三名ほどで調査団を構成した。

調査団の費用予算の九万六五〇〇ドルは、日本及び中華民国が折半するとされ、委員長は手当月五一四・七三ドル、委員は三八六ドルで、個人的に随行する秘書は自弁となった。

調査団の旅程

満洲事変勃発の翌一九三二（昭和七）年二月三日にフランスのル・アーヴルを出航した調査団一行が東京に到着したのは二月二九日であった。

翌日、宿舎の帝国ホテルでリットン卿が声明を発した。

「我々は満洲もしくは上海の最近の事変に関しての単なる事実調査の機関ではない。我々の主たる目的は、日中両国をして永久的協定の基礎を発見せしむるように両国に対して連盟の援助を提供せんとするものである」と、調査団の目的は、「過去の事実の究明だけでなく、将来への展望を目指すものであること」を強調した。

調査団は東京には九日間滞在し、その間毎日のように閣僚らと会談した。その中には犬養毅総理大臣、芳澤謙吉外務大臣、陸軍大臣荒木貞夫中将、海軍大臣大角岑生大将ら、そのほか有力銀行家、実業家、種々の団体代表者らと意見の交換をし、満洲における日本の権益および日満の歴史的関係に関する情報を得ている。（資料5）

上海事件に関しても論議している。

ちなみに、翌三月一日、満洲国が建国宣言を発している。

（資料5）リットン調査団と犬養毅総理
前列中央：犬養毅首相・前列左：リットン委員長
（毎日新聞社提供）

外相に就任した芳澤謙吉と五回（三月三、四、五、七、八日）会談を行った。芳澤は満洲事変勃発から連盟調査団派遣の決定まで国際連盟理事会の日本代表であった。

会談で、リットンは中国本土における日本の権益は他の列国と同じなのか、日本は中国が現存の条約上の義務を完全に守るならば満足するかなどと質問した。芳澤は原則的に同意したが、中国は一九〇五（明治三八）年の日清条約や一九一五（大正四）年の二一ヵ条条約などを認めようとしないと非難した。

七日の会談でリットンは、中国に満洲の治安を維持する能力がないとした場合、満洲の日本による合併、国際的管理（例えば国際連盟の下で）、自治政府の三つの選択が考えられるが、日本による合併という第一の選択はこれまで満洲に対し領土的野心はないとしている日本の声明に鑑みあり得ない、第二の満洲の国際的管理は日本にとって受け入れは可能かと芳澤に質した。芳澤が日本は日清、日露の二大戦役で満洲に多くの血を流し巨額の費用を使っているので、国際的管理は日本人のフィーリングに合わないと答えると、それならば自治政府という第三の選択しかないとリットンは述べた。

一方、そのような中の一九三二年三月一一日、国際連盟総会では次の二点が決議された。

一、連盟加盟国は、国際連盟規約もしくは不戦条約に反する手段によって成立をみる一切の状態、条約または協定を承認しない。（スティムソン・ドクトリンと同様である）

二、今後は一九人委員会を設置し、この委員会が総会に代わり連盟規約一五条に沿って手続を進める。

（註：一九人委員会とは、連盟総会議長トーマスの提案によって組織されたもので、日中の当事国を除いた理事国一二ヵ国代表、議長及び理事国以外から選出された六ヵ国代表で構成される）

一九人委員会は、一九三一年九月三〇日及び一二月一〇日の理事会において採択された決議の実行を監督する。また、上海における停戦および日本軍の撤収に尽力し、更に、総会に報告書を提出する任務を負うとするものである。

したがって、この提案が採決されたことによって、紛争解決の方法を求める責任を同委員会に持たせることになり、満洲事変に対応するための国際連盟の諮問団体になった訳である。

調査団一行は三月一四日、まだ激戦の跡も生々しく硝煙の臭いの立ち込めている上海に到着した。二六日上海を発ち水陸両路に分かれ国民政府の首都南京に赴いた。

二九日から四月一日まで連日四回にわたって国民政府首脳と会談した。

国民政府側の出席者は、林森《りんしん》国民政府主席、汪兆銘《おうちょうめい》行政委員長、蔣介石《しょうかいせき》軍事委員会委員長、羅文幹《らぶんかん》外交部長、宋子文《そうしぶん》財政部長、陳銘枢《ちんめいすう》交通部長、朱兆華《しゅちょうか》教育部長などである。

主としてリットンと汪兆銘の間で質疑応答がなされた。

三〇日の会議での論議の内容の三点を紹介すると、

第一に、日本が、中国は国際連盟加盟国としての義務を果たさず、国際条約を尊守していないと中国を非難していることに関連して一九〇五（明治三八）年の日清条約、一九一五（大正四）年の二一ヵ条条約の有効性を巡って応酬があった。

汪は二一ヵ条条約は議会の承認を得ていないので無効であると主張し、一九一三年に憲法に反して議会を解散した袁世凱《えんせいがい》大総統を非難した。

リットンが中国は袁大総統の結んだ国際的な契約は全て無効と主張するのかと反問したのに対し、汪は議会が正式に否認したものに限ると答えた。

リットンは三一日の会談でもこの問題に言及し、一国の新しい政権が、前政権の負っている法的義務を否認するようになれば、国際間の全ての手続きは崩壊すると警告した。

第二に、リットンは国際的な協力の下での満洲の治安維持、外部からの侵略の防止を示唆し、中国側の反応を打診した。

日本は、中国が果たしてその主張するように日本軍の撤兵後憲兵隊と文民政治で満洲の治安を維持し得るかに疑問を持っているので、国際連盟が協力するという構想はどうかと申し出た。また満洲への外部からの侵略についてはソ連、日本、中国が国際的に協力して防衛する案を提示した。汪はこれらに対し、中国の主権と領土の保全を前提として異議はないと応じた。

第三に、リットンは中国共産党・共産軍の現状について説明を求めた。汪は中国の歴史には内乱で戦場に遺棄された多数の武器を失業者が拾い徒党を組んで、ある省内に散在することがあるが、共産軍もその一種で失業者、匪賊で構成され正規な軍隊ではないと述べた。またリットンが中国の一定地域に共産党の政権があり、国民政府の権威を認めていないのではないかと質問したのに対し、そのような組織はなく、且つ共産党に占領された一定の領土もないと否定した。

汪は、結論的に中国は過去数年間苦痛な経験を重ねたが、国民政府成立以来国家の再建に全力を尽くしており、もちろん望ましい全ての改良を為したとはいわないが、あらゆる点で中国は進歩しつつあると確信すると述べた。

四月九日調査団は北平（北京のこと）に到着した。北平は、九・一八事変の当事者である張学良が東北軍を率いて支配していた。

リットンたちは張学良と四回にわたって会談した。

張学良は、三点を挙げて日本の行動を激しく非難した。

第一に、東三省は人種上、政治上、経済上いずれも中国本土と分離できない関係にあり、中国の一部であることは河北省、山東省となんら変わりない。東三省を中国の一部でないと詐称したり、ここに非合法政府を樹立して中国の他の部分と分離させようとする（日本の行動）のは領土的野心を持っているのであって、九ヵ国条約の中国領土保全の原則に反する。

第二に、中国は現在改革期にあり、その経過中に種々の困難があることは、一九世紀の独、仏、また日本の明治維新と同じであって、中国のみの特例でない。日本が中国を統一された国家でないと誹謗するのは故意に事実を隠蔽して、世界の視聴を困惑させようとするものである。

第三に、中日間の紛糾の真の原因は、日本が中国の社会、経済の進歩及び政治が漸次統一に向かっているのを嫉妬するにある。日本は従来から東三省を奪取しようと考えており、その主要な政策は鉄道問題にある。東北の人民は領土開発のため自ら鉄道を修築し、産業・教育・交通各方面にわたって大きな進歩を遂げてきたが、この事実及び自分（学良）が常に中国統一のため中央と協調してきたことが日本の反感を誘発して遂に東北への侵略になった。

これに対しリットンは「連盟は世界における新しい力すなわち法の力である。連盟は各国に保障を供与する。弱者は強者の侵略から保障され、強者はその暴力の自制のため名誉及び正当な権限を喪失する事のないよう保障される。この保障を有効にするためには、連盟は各国をして連盟を信頼させ、連盟を利用し、あらゆる紛争についてその判決に服するよう導かねばならない」と、国際連盟の持つ役割を強調した。

張学良は、調査団との最後の会談で「中央政府への忠誠と満洲における門戸解放の実施」を強調した。そして「日中間の危機は、明治天皇以来形成されてきた中国への侵略という日本の基本政策という視点から検討されねばならぬ」とした。

これに対しリットンは「調査団は日中両国の過去の約束や行為に判定を下すのではなく、両国の今後の関係が連盟規約の条項のもとで如何にアレンジされるか、すなわち過去よりも未来に関心を持っている」と述べた。

張が「連盟の原則の実現をいかに日本が妨害して来たかを明らかにしない限り、連盟の目的は実現しない。日本の軍事政策に歯止めが掛けられなければ平和は到来しない」と主張したのに対し、リットンは「日本の侵略政策や領土的野心を強調しても現在の事態の解決の助けにはならない」と答え、両者の見解には微妙な相違がみられた。

調査団は、張作霖・張学良の新旧政府はいずれも個人支配で腐敗しているとの印象を持った。張学良は軍事的な独裁者（軍閥）であるが、その周りにはより小さい軍閥があり、小軍閥は便宜上張学良を推載しているに過ぎないと判断した。

しかし同時に張学良の満洲における努力は正しい方向に向かっており、その失敗は彼の意図が悪かったのではなく部下たちの腐敗が原因というのも調査団の見解であった。

調査団は、学良の個人的なまたは政策的な開明性を認めたが、張学良政権への全体的な評価は高くなかったのである。

調査団が北平滞在中、満洲で日本軍に抵抗を続けている将領たち（馬占山《ばせんざん》黒龍江省主席、丁超《ていちょう》東省自衛軍総司令、李杜《りと》吉林自衛軍総司令など）から調査団宛ての通電が続々届いた。調査団の満洲入りは苦しい対日抵抗を続けている彼らにとっては待望の機会であった。

四月九日調査団が北平に到着した日、満洲国外交総長謝介石《しゃかいせき》は国民政府（南京）羅文幹外交部長に宛て、顧維鈞参与員の満洲入りは遺憾ながら拒否すると通告した。

顧維鈞の拒否を主導したのは、満洲国外交部総務司長の大橋忠一（事変勃発当時の哈爾浜総領事）である。大橋の論拠は、満洲の旧支配者張学良ときわめて密接な関係にある顧維鈞が満洲に入るならば、未だ満洲国内に広く残存している張学良の勢力と連絡し治安を乱す恐れがあるというのだが、同時に満洲国としてこの機会に中国からまた日本からも「独立」した新国家の存在を調査団に認識させせようとの意図もあったことは否定できない。

リットンはこの問題を重視した。中国参与員の顧維鈞が満洲に入れないのであれば、調査団は満洲には赴かない。日本は調査団を保護し調査に便宜を与える義務があると日本側に警告した。

芳澤外相は、満洲国および関東軍の説得に努めた。その結果調査団の満洲入りの経路を二路に分け、問題の顧維鈞は秦皇島《しんのうとう》から海路をとって日本の租借地である大連に上陸し満鉄を利用して奉天に赴く事になった。

調査団は、満洲の施政に参与していた官吏とも会見したが、四月一八日の夜には奉天兵営の指揮官をしていた王以哲《おういてつ》将軍より証拠品の提出があった。

調査団は四月一九日北平を特別列車で出発、二〇日リットンと顧維鈞は中国軍艦海圻《かいち》で、クローデル、シュネーの仏、独委員は日本軍艦芙蓉、朝顔でそれぞれ秦皇島から海路大連に向った。一方、アルドロバンディ伊委員、マッコイ米委員はそのまま汽車で山海関を越え厳重な警戒の中、錦州を経由して奉天に向った。顧維鈞の満洲国入りに対する反対は、調査団が日本の鉄道付属地の北方の終点・長春に到着した時、遂に撤回された。

調査団は二一日全員奉天で合流した。

満洲における調査団の行程は、

四月一九日　北平発（陸海両路に分かれる）

　二一日　奉天着合流

五月　二日　新京（長春）

　九日　哈爾浜《ハルビン》

一四日　随員の一部の隊・斉斉哈爾《チチハル》へ

（＊一五日　日本で、五・一五事件起こる）

一七日　本隊・黒河《こくか》（瑷琿《アイグン》）へ

二一日・二二日　両隊が哈爾浜《ハルビン》に帰任・合流　新京を経て奉天へ

二六日　大連

（＊二九日　予備報告起草　ジュネーブに送る）
　三〇日　奉天（鞍山経由）
六月　三日　奉天発
　五日　北平着

満洲滞在は四四日間である。

満洲滞在中の調査団の動向を見てみよう。

現地の林久治郎総領事代行の森島守人領事によると、総合的に見て調査の対象は日中両国の責任を糾明する事よりも、満洲事変を引き起こした背後関係や歴史的背景を明らかにすることにあったのは明瞭で、従がって張作霖の爆死や柳条湖の鉄道爆破の責任などの機微な問題については、ことさらに深入りを避けていたと感想を述べている。

また、一行の提議した質疑は、日中間の基本条約、満洲の政治的地位、日中間の政治経済関係等の基本的問題を始め、軍の演習上の慣行、商租や課税の実情などの排日的諸問題、鉄道付属地と中国街との通信、電話、水道等の連絡、榊原農場や十間房陸軍用地問題など大小、軽重、多岐多様に渉ったと述べている。

奉天総領事館の対応として、日本と満洲国との説明の統一、満洲官民と日本側の居留民に対する指導、鉄道爆破と南行列車の通過との時間的関係、反日・反満分子の策動など調査団一行の身の安全確保に尽力している様子や、顧維鈞博士の来満拒絶の状況を国民新聞（昭和七年五月三一日）が『気負い立つ新興国　満洲国の大黒柱』との見出しで、駒井徳三国務院総務庁長官・大橋忠一外交部総務司長・森田成之交通部鉄道司長の三氏を取り上げ、その日本人官吏の活躍ぶりを報道しているのを紹介している。

この間、調査団一行の一挙手一投足は全て日本側あるいは満洲国側の厳重な監視の下に置かれた。来訪者との会談は厳しく規制され、来往の手紙は秘かに検閲された。宿舎はもとより日常の買い物まで密偵の監視から免れることは出来なかった。特に顧維鈞を始めとする中国一行（総員二一名）に対しては執拗な妨害が身辺保護の名目で繰り返された。

奉天では、本庄繁関東軍司令官と調査団の会談が関東軍司令部に於いて四月二四日から五月一日まで六回殆んど連日のように実施された。

調査団は事前に一二ヵ条にわたる質問書を提示し、ほぼその線に沿いながら会談は進行した。会談には調査団側は随員、日本側は石原莞爾など参謀、時には現地で指揮した将校、或いは満鉄関係者も列席した。

二六日の会談に於いてマッコイ米委員、クローデル仏委員は、九月一八日夜の日本軍の行動に対し核心をつく質問を列席していた当時の現地指揮官独立守備歩兵第二大隊長島本正一中佐に向けた。

「司令官もいないのに一中佐が一万人に達する北大営の中国軍攻撃の責任が取れるのか」

「中佐は独断で実施したのか、或いは事前に受け取っていた命令に基づいて行動したのか」

「事件勃発の同夜、吉林、遼陽、長春で軍事行動が展開され、軍艦が旅順から営口に向い、また朝鮮軍司令官に援軍の派遣が要請されたのはどう説明されるか」　などの質疑である。

これに対し石原参謀が回答した。

石原によれば危急の際に備えて予て演習を繰り返してきており、全ては自衛上止むを得ざる当然の措置であったが、現地指揮官のイニシアチブの下で行われたことが強調された。石原は斉斉哈爾作戦、錦州攻略についても説明に当たり、作戦の責任者であることを証明した。

治安維持会の組織については、参謀竹下義晴中佐が説明に当たった。瀋陽においては前政権の官僚が殆んど北平に向け逃走してしまったので、市政の管理に当たるなんらかの機関を創設する必要に迫られたが、日本人が関与したのは一ヵ月に過ぎないと弁明した。しかし吉林、黒龍江両省では前政権の機構と人が残存したので事情は異なったと説明した。

この一連の会談からマッコイ米委員は、満洲事変が日本の計画であること、日本が鉄道を爆破したことに確信を持つに至った。

新京（長春）で調査団は、執政溥儀を公式訪問したのをはじめ鄭孝胥《ていこうしょ》総理、謝介石外交総長、熙洽《きこう》財政総長（吉林省主席）など満洲国政府の中国人首脳と会談した。

また日本人では実力者の一人駒井徳三総務長官に会見した。前奉天特務機関長土肥原賢二少将に特に多くの質疑がなされた。

リットン調査団一行が新京（長春）を発ち哈爾浜に到着したのは五月九日である。

哈爾浜行きに際し、特に日本側は顧維鈞の動向を警戒した。まず随員の哈爾浜行きを四人に制限したため、顧維鈞はやむなくドナルド、ハシーら外国人二人と劉崇傑《りゅうすうけつ》参議および秘書を同行した。

事前に密約があったのか、調査団の哈爾浜着を待つようにして馬占山軍の哈爾浜に対する激しい攻撃が始まった。戦闘は五月九日から二一日まで激しく行われたが、調査団は馬占山との会見を強く望んだ。それは、馬占山が調査団宛てに日本の陰謀を暴露する電報を送付していたからである。東三省の人民は一人として本国からの離脱を望んでいないこと、偽政府の官吏はすべて監視され自由を失っていること、その他日本支配の実情を挙げリットン調査団への期待を表明していたからであった。

リットン調査団の哈爾浜滞在中、馬占山は密使を送り、五月一四日哈爾浜米総領事館でマッコイ米委員との秘密裏の会見に成功した。

密使は、馬が満洲国政府に入ったのは日本軍に抗戦する力が整っていないための一時的な妥協であり、馬の軍隊は現在一〇万に達し、武器は日本に協力中に提供されたもので、ソ連から得たものでなく、また国民政府からも経済的援助を受け取っていないと証言し、山奥に退いても日本に反対する決意であり、満洲国政権に入ったごく少数の者を除いて全ての中国人は新国家（満洲国）に反対していると語った。

同日、英総領事館で調査団の会議が開かれ、対日抗戦を継続している馬占山、丁超、李杜などの軍人との会見について論議された。その必要性を強く主張したのは顧維鈞である。丁、李との会見は事実上困難とされたが、馬占山との会談は必要との認識で一致した。が、その為には日本、満洲国側の同意が必要であった。

調査団は満洲国外交部に馬占山との会見について斡旋を依頼したが拒否された。

哈爾浜で調査活動を続けるリットン調査団は、満洲国側、関東軍及び日本の出先機関に対し、更に要求を突き付けて来た。

それは、過つての馬占山の本拠地である斉斉哈爾と、馬占山が反乱を興した国河《こくか》に、調査団の一部を派遣して実情調査に当たりたいというものであった。

国河は、満洲語で「恐ろしい」を意味する璦琿《アイグン》と云い、一八五八年清朝とロシア帝国の間の国境策定条約のアイグン条約の結ばれたところで、満洲の北端に近く、黒龍江を隔ててソ連領ブラゴエシチェンスクと相対している。馬占山は国河に土地を持ち、邸宅を構え、愛妾を住ませていた。

—何のために、斉斉哈爾、国河に調査団を派遣したがるのか。

関東軍は、調査団が馬占山と連絡を取り、満洲国が傀儡政権であるという実状を聴取して、物証を入手するためと推測した。

要求があった数日後、関東軍は調査団に対し、その派遣を応諾すると共に、陸路の行程が困難なため、輸送機を提供する旨を伝えた。

関東軍の意図は別にあったのである。

馬占山討伐は、悪天候と悪路に悩まされる一方、その本隊の所在が掴めない。北満は馬占山の多年の本拠であり、その地勢を知悉している彼は、次々と山野を移動して所在をくらます作戦を取った。

そのために、派兵が交代し新しく導入された第十四師団（宇都宮）は、討伐を任務とする二万に近い兵力を持ちながら、東奔西走、いたずらに兵力を分散して実効が挙がらないでいた。そこで関東軍司令部は、リットン調査団の一部を斉斉哈爾と国河に行かせることによって、馬占山の釣り出しにかかったのである。

リットン調査団の一部（英国及びフランス代表部の随員数名）が五月一四日、日本軍の輸送機で斉斉哈爾に飛びステーション・ホテルに滞在して黒龍江省の官民から事情聴取を行った。

哈爾浜に残っていた調査団の本隊は、三日後の五月一七日、国河に赴いた。

国河に滞在した調査団一行は、調査活動を行う様子もなく日を過ごした。ただひたすら馬占山からの連絡を待ちわびたが、その効果はなかった。


斉斉哈爾に赴いていた調査団の一部が、哈爾浜に戻ったのは五月二一日であった。そして、翌日、国河からの本隊も帰って来た。

調査団と馬占山との接触は、失敗に終わった、とみなされていた。

しかし、馬占山は六月一〇日付で、調査団の密使と会見し調査に必要な書類を全て提供したと発表した。


本庄繁関東軍司令官は、馬占山を捕捉することが黒龍江省の治安回復の捷径であることを強調し馬占山軍への攻撃を激化した。二カ月後、敗残の馬占山軍は、斉斉哈爾北方の海倫《ハイルン》付近に追い詰められ殲滅された。

馬占山は関東軍に逐われて満州里でソ連領に越境して亡命した。


哈爾浜から再び奉天に戻った調査団は五月二六日には関東州に入り、大連では満鉄総裁内田康哉と会談した。

内田は、調査団に満洲問題打開について委任統治、日本による合併など五方策を列挙したが、結論として「満洲国」の承認が実際的な唯一の解決方法であると述べた。満洲国は日本の傀儡国家でなく、また満蒙は本来中国の不可欠な領土でなかったことをも強調した。

奉天での本庄軍司令官との最後の会談では、本庄は「満洲は日本の生命線で、その防衛は日本にとってのみならず、全ての文明世界をコミンテルンの赤化から守るためのもの」と力説し、内田満鉄総裁と同じく「満洲国」の存在を緊急に承認することが必要で、他のいかなる方策も充分でないと強調したのである。

調査団にとっては、奉天や哈爾浜に駐在する自国領事あるいは満洲各地で布教活動に従事している外国人宣教師が有力な情報源となった。顧維鈞が随行者を四人に制限された哈爾浜行に、ドナルドら二名の外国人を同行したのも情報収集上での便宜を考えたためであろう。

満洲在勤の各国領事などが調査団の有力な情報源であったことはいうまでもない。

哈爾浜にある英国領事館が調査団の暗躍する参謀本部であった。事務次長の補佐員であるバスチュホーフは、しきりに赤系露人と密会した。

カット・アンジェリノ、ヤング博士などは、支那商人、教師、学生、農民などの意見を秘密に聞き取った。この支那人達こそは、あらかじめ張学良(背後にコミンテルンの陰あり)側の密偵に買収されていたのである。なお、調査団一行の哈爾浜到着を見越して、満洲の独立反対を主張する数千通の手紙を学良の密偵たちが多数の支那人に書かせておいた。その中の幾通かが、調査団の手に入った。

現地の状況に精通した領事が満洲問題の解決にどのような構想を持っていたかの一つの例として、アメリカ奉天領事M・S・マイヤーズが六月はじめ調査団が満洲を引き揚げる直前にマッコイ委員の求めに応じて

伝えた解決構想では、

一、まず調査団が日中間の協定締結を勧告する。この協定に於いて日本は中国領土の保全、門戸解放、機会均等を承認、一方中国は日中間のこれまでの条約・協定を承認し、これらに基づく日本の満洲における特権、利益を認める。

二、日本は満洲国の支持をやめ、南京政府の任命する長官の下で成立する臨時行政機関への接収を援助する。ただし長官は親日的な人物とする。長官は六ないし七人の中国人（その中に現政権の重要人物を含む）および外国人（国際連盟の推薦あるいは承認）によって補佐される。満洲国関係者はすべて大赦される。

三、交通委員会（中国人、日本人各四人、外国人二人、計一〇人で構成）、調査委員会（中国人、日本人各二人、外国人一人、計五人で構成）を組織し、前者は鉄道、電信、電話、自動車道路を管轄、後者は事件、紛争などの調査に当たる。

などが提案されていた。

マイヤーズ提案の中で注目されるのは、中国は満洲に正規軍を駐在させず、警察や憲兵で治安を維持し、日本は当初鉄道付属地に撤兵した後、日本人の生命、財産の安全が保障されるなら付属地からも撤退するという示唆がなされていることである。

マイヤーズ提案は極めて現実的な妥協構想であり、調査団の最終提案と根本的な基調に於いて大きな相違はなかった。

また、顧維鈞は「国連調査団赴東北調査経過」の「結論」の部で、調査団がシベリア経由で満洲に入り、偽国がまだ樹立される前に翻然と阻止したならば、偽国は出来なかったかもしれず、また調査団が上海に到着した三月一四日は、満洲国は草創の時で組織もまた未完成であったので、直ちに満洲に向ったならば、日本側も憚って進行を緩和したかもしれないと記した。そしてある委員（クローデル）が「満洲国は私生児のようなもので不合法だが生まれた以上は抹殺するわけにはゆかない」と言っているのを引いて、調査団の満洲到着の遅延で既成事実の重みが増したことを遺憾とした。

六月三日、すなわち調査団が満洲滞在を終えて北平に向け奉天を出発する前日、一行は柳条湖の爆発地点を視察した。（資料6）

直接の当事者河本末守中尉も特に呼び出され、現地に於いてリットン委員長などから九月一八日夜の行動状況について詳細な質問を受けた。河本は爆破後奉天行の列車がなんら停止することなく爆破地点を通過したことを説明した。

翌四日調査団は満洲を離れた。

（資料6）柳条湖付近での満鉄の爆破地点を調査しているリットン調査団
（出典：『新生日本外交百年史』）

第四章　リットン報告書

東京では、斉藤實内閣のもと一九三二（昭和七）年六月一日臨時議会が開かれ、一四日衆議院は全会一致で満洲国承認案を決議した。国内で急速に高まりつつあった満洲国承認の動きはいよいよ加速するに至った。

報告書起草の経緯

リットン調査団は、一九三二（昭和七）年六月四日奉天を出発し、錦州、山海関を経て五日北平に到着した。この日から二八日まで報告書の起草に当たった。

報告書をどこで起草するかについて、中国側は北戴河を、日本側は青島を主張し、結論的に北平に落ち着いた。

一九、二〇日の両日、国民政府首脳の汪兆銘行政院長・宋子文財政部長・羅文幹外交部長とリットン一行との会談が行われた。

その内容を朝日新聞が、六月二八日上海発特電として報道した。

それは、国民政府が調査団に、

・満洲を中国に所属する自治領とする
・満洲自治領の高等弁務官は中国政府が任命する
・中国は日本が満洲で持つ条約上の権益（二一ヵ条を含む）を承認する
・満洲自治領に中国軍を一兵も駐屯させず、大規模な組織の警察隊で治安を維持するなどの案を提示したとするものであった。

委員会の調査に対して始終協力を惜しまなかった両参与員は、多くの貴重な証拠書類を提出した。一方の参与員から受け取った材料は他の参与員に見せ、それに対する批判を為す機会が与えられた。付属書にあるように、調査団が会見した人物や団体の多いことは、審査した証拠が如何に多いかを物語っている。更に旅行中、多数の印刷物、請願、要請および書簡を受け取っている。

満洲だけでも英文、仏文、日本文のものを除き、約一五五〇通の漢文による書簡、四〇〇通のロシア語による書簡を受け取っている。これらの書類の整理、翻訳、研究は多大の労力を必要としたが、ある土地から次の地への休みのない移動中も作業を続け、北平に到着後、日本への最終訪問に出発するまでに完成していた。

六月二八日調査団は、日本の斎藤實内閣との会談に臨むため北平を出発、朝鮮経由で東京に向かった。一行が東京に向け出発する直前の調査団の会議に、リットンは日中同盟案を提示した。個人秘書アスターの準備したものである。

内容は、もし日本あるいは中国の満洲における権益が侵される場合、日中両国は相互に援助を与えると云うものであった。

マッコイ米委員は、直ちにこのような構想はソ連に疑惑を与えると反対し、代案として日・中・ソ三国条約案を示唆した。マッコイは日中同盟案を東京に携帯しないよう要求したが、リットンの容れるところとならなかった。リットンがなぜこの段階で日中同盟案を提示したのかは不明である。

リットン調査団は、海軍大将斎藤實が組織することになった内閣の外務大臣が決まらなかったため日本への出発が遅れたが、七月四日満洲、朝鮮経由で東京に到着した。京城で、一行は宇垣一成朝鮮総督と会見した。

内田康哉《こうさい》満鉄総裁が、外務大臣に就任したのが七月六日である。

一二日、内田外相と調査団との第一回会談が行われた。（資料7）

リットンは、「満洲国の存在を承認するためには、昨年九月満洲において中国から日本に対し攻撃（侵略行為）があり、満洲国の独立は、真に中国人の自発的な行動によるの二点が明らかになることが前提である」とした上、「日本は満洲国承認のほかに解決策を持たないのか」と質問した。

これに対し内田外相は、「満洲問題の唯一の解決策は満洲国を承認することであり、それ以外の方策は考えられない」と回答した。

リットンが、「日本は満洲国承認問題を九ヵ国条約署名国と協議する意志はないか」と質問したのに対し、内田は「日本の満洲国承認は九ヵ国条約の違反ではない。満洲国は満洲国の住民の自由な意志の産物であるので九ヵ国条約の範囲内ではない」と述べた。

リットンが更に、「ワシントン会議で満洲は中国の不可欠の領土の一部と認められているので、その変更は他の署名国と協議しなければならない」としたのに対し、内田は「他国と協議するつもりはない」と拒否した。

（資料7）内田康哉とリットン調査団
左からマレスコッティ伯、マッコイ将軍、内田外相、シュネー博士、クローデル将軍
（出典：『新生日本外交百年史』）

マッコイ米委員が次に発言し、「日本の政策は日本以外の世界諸国の良識を無視するものだと非難し、日本は満洲を生命線と言うが、それは中国にとってもソ連にとっても同じである。他の国から見た場合、満洲国の承認は連盟規約、九ヵ国条約、さらに内田自身が署名したケロッグ不戦条約の違反である」と批判した。

クローデル仏委員が、「日本は満洲国と中国との間に如何なる絆をも残すことに反対なのか、中国の主権の下で、中国人の支持し、日本の権益を護りうる、そのような満洲国が考えられないか」と提案したが、内田は「満洲国と中国の間に如何なる絆を残すことにも反対である」と答えた。

アルドロバンディ伊委員も、「満洲の住民が中国人であることを認識する必要があり、解決は日中双方が同意できるものでなければならない。中国側は旧体制への復帰ではなく広範な自治を満洲に与えることを考慮している」と示唆した。

これに対し内田は、「満洲の人民が中国人であることは認めるが、中国人であるからといって中国政府に忠実とは限らない、彼らは満洲国に忠実だと考える、満洲国承認以外の解決策は単に以前の状態の繰り返しを引き起こすに過ぎない、満洲国の承認のみが唯一の解決策である」ことを強調し第一回の会談が終わった。

一四日の第二回会談でも内田外相は、満洲国の承認は諸条約の違反ではないとの主張を繰り返した。

内田外相との会談において調査団がなんとか妥協、解決の道を懸命に模索していたのは明らかである。

汪兆銘ら国民政府の首脳は六月の北平会談で柔軟な姿勢を見せた。しかし内田との会談は全く不毛で、日本の硬直した態度のみが顕著に表れたにすぎなかった。

調査団は東京滞在の無用なことを認識し、予定を早めて離日した。

調査団の東京滞在中マッコイ米委員は、J・C・グルー米大使と七月一二、一四、一五日と会談を行った。グルー大使はマッコイ委員の談話から、九月一八日の満鉄線路の爆破は日本軍の行動開始の口実にすぎないこと、後の事件のように全て日本によって前もって注意深く計画されたものであること、日本の自衛という主張は認められないこと、満洲国は民衆の自決の例証とは認められず、その設立、維持は完全に日本軍に依存し、満洲の中国人の支持を得てないこと、などを知り、これ等の結論のいくつかが調査団の最終報告に盛られるであろうと国務長官スティムソンに報告した（七月一六日）。

リットン調査団を乗せ神戸を離れた秩父丸は、七月一九日青島《チンタオ》に上陸したがリットンは病気のため下船、膠済《こうさい》鉄道(青島～済南)への乗り換えには担架を必要とした。済南からは張学良の派遣した自家用機でクローデル、顧と共に空路北平に飛び、直ちに東交民巷《とうこうみんこう》のドイツ病院に入院、以後六週間治療を続けた。病気は腸炎とも腎臓の障害とも云われた。

シュネー独委員ら他の委員は、特別列車で北平に向かった。

連盟への報告書を八月末までに完成させる予定であった調査団にとって、リットンの病気入院は思わぬ痛手となった。

報告書の起草は、専門家が分担して執筆した草案を基にリットン、アース調査団事務総長、ブレイクスリー

（米クラーク大学の歴史・国際関係論の教授）の三人が当たった。

専門家の準備した草案も、まずリットン自身が検閲して筆を加えたのち、他の委員に廻した。そして特に重要な部分、例えば満洲事変、上海事件などはリットン自身が執筆した。

調査団の会議は病院で行われることが多く、各章、各節、各ページにわたって審議、訂正、書き直しが行われた。

満洲事変に至る歴史的経過、事実認定については、五人の委員の見解はほぼ一致し大きな問題はなかった。


しかし期限も押し迫った八月中旬、クローデル仏委員がリットン委員長と見解を異にしていることが明らかになり、果たして全員一致の署名が得られるか危惧される状況になった。

クローデルは、リットンの日本に対する一貫した告発の姿勢に異議を持っていた。事実は正確に記載すべきだが、日本の政府や国民を無用に刺激するのは避けるべきだと考えていた。それはフランス政府の方針でもあった。

クローデルは、満洲の現状、すなわち満洲国を如何に処遇するかという根幹の点で、リットンと見解を異にした。

クローデルによれば、満洲国がその根本法を国際連盟が承認できるように修正、改定するならば、その存在を認めて良いと云う見解である。勿論クローデルの考えは満洲国を無条件で承認するものではなく、重大な軌道修正（主権は中国）を前提とするものであったが、満洲国を全く否定しようとするリットンとは大きな隔たりがあったのである。

クローデルはしばしば「満洲国は私生児であって、問題はそれを嫡出子にすることだ」と調査団会議で述べていた。彼も他の委員と同じく満洲国が住民の自発的な意志によって出来たとは認めていなかった。しかし彼は、満洲国は日本あるいは日本軍によって作成されたというよりも、駒井徳三のような過激分子が満洲地域の自治派と組んで作り、後に日本の政治的目的に利用されたと考えていたのである。

クローデルの構想は他の委員の賛成を得られなかった。事務局の責任者アースも反対した。アースは、「この調査団は一般的な調査団ではなく国際連盟によって作られたものであるから、連盟規約や不戦条約に反するような勧告は出来ない」と主張した。そして三月一一日の総会決議がスティムソン国務長官の不承認政策を基本的に承認していることに注意を喚起した。クローデル案はアースによれば満洲国の承認を連盟に示唆するものであった。

収拾に動いたのはマッコイ米委員である。マッコイは、報告書は全員一致でこそ価値があると考えていた。マッコイは仏語に堪能なアルドロバンディ伊委員にクローデルとの調整を依頼し、両者によって作成された草案をリットンが承認して、ようやく事態の収拾を見た。

ところで、報告書の起草に当たって、委員たちは本国政府から指示或いは示唆を受けなかったのであろうか。まずリットン委員長である。

リットンには、本国のV・ウェレズレイ外務次官補の見解がランプソン中国公使を経て示されていた。ウェレズレイによれば、問題は法律的な見地では解決しない、法的な主権から離れて現実を尊重しなければ永続的な解決にはならないというものであった。中国がその完全な領土といえない満洲で、日本の様な活動的で企業心旺盛な隣国が経済的に発展するのを妨害するのが正しいのか疑問であるとまで言っていた。サイモン外相、ヴァンシタルト事務次官も同じ見解であったが、親日的と見られないよう直接調査団に伝えることはしなかった。

しかしリットンはウェレズレイ外務次官補の勧告にもかかわらず法的あるいは理念的ともいえるアプローチを採ったのである。

マッコイ米委員の場合、国務省との連絡は緊密であったし、現地の米外交官からも有益な示唆を受けた。国務省は四月調査団にいるブレイクスリーにいくつかの指示を与えた。その指示はブレイクスリーとマッコイによって最終報告書まで持ち込まれたのである。

指示の内容は、

一、満洲において暫定的に中国の行政を再建するための日中間の直接交渉。

二、日中両国の代表による、或いは中立オブザーバーも参加して、永続的な中国行政の確立のための会議並びに満洲における日中両国の権益に関する包括的な新条約交渉の実施。

三、新政権の長は中国人（文官）とし、外国人・顧問が補佐する。警察は外国人幹部によって訓練・監督され、警察力が有効となれば日本軍は満鉄付属地に復帰する。外国人顧問が歳入を監督し、交通の中央機関を組織する、というものである。

クローデル仏委員は、日本をあまり刺激しないようフランス政府から指示されていたし、シュネー独委員も、日本が調査団へのドイツの参加を望んでいなかった経緯に鑑み、報告書の作成に当たってイニシアティブを取ったり、目立つような役割を取ったりしないようドイツ外務省から注意されていた。

九月四日午前八時三〇分、英・仏・独・伊・米五人の委員は、報告書に署名、全員一致の報告書となった。

署名後リットン、アルドロバンディ、マッコイの英、伊、米三委員は一〇時過ぎの飛行機で上海に飛び、五日上海から海路スエズ経由でジュネーブに向った。国民政府からフランス公使及び連盟代表に任命された顧維鈞も同船した。

一方、クローデル、シュネーの仏、独委員は四日塘沽に行き、同地から海路大連に渡り、満鉄経由シベリア鉄道でヨーロッパに向った。吉田参与も大連まで同行見送ったのである。

彼らは報告書の写しを携帯し、九月二四日ジュネーブで連盟事務局に手交した。ここに二月ヨーロッパを出発以来七ヵ月にわたる調査団の活動は終わったのであった。

報告書の一部は二九日、上海からアースが東京に持参し英大使館に委託した。

報告書が日中両国に手交されたのは九月三〇日午後七時である。

東京では、英大使館グリーン書記官が外務省に有田八郎次官を訪ね正本一部、副本三部、付属書・地図を手交した。

南京では同日、上海から向かった調査団書記テーラーが午後六時羅文幹外交部長に手交した。

一〇月二日（日曜日）リットン報告書は全世界に向け公表された。

国際連盟事務総長は出来るだけ速やかにこれを印刷させ各加盟国に配布した。

国際連盟の作成したプリントによれば地図付の英文一四八ページに上る厚い本となった。日本外務省の翻訳印刷では日本文二八九ページに達する極めて長文で詳細な内容になっている。

矢張り厚い七〇〇ページにのぼる付属書は、他の多数の資料、特に調査団に随伴した専門家の手になる特殊問題に関する数多くの研究を含んでいた。これら専門家の提出論文及び日中両参与員を通じて提出された両国からの参考資料が調査団報告書の基盤になっていることはいうまでもない。

リットン報告書

リットン報告書の正式な書名は、「国際連盟日支紛争調査委員会報告書」（The Report of the Commission of Enquiry into the Sino-Japanese Dispute）である。（資料8）

リットン報告書の構成は、緒論及び一〇章から成り、

緒論　委員会設置の過程を明らかにし、

第一章　支那に於けるの近時の発展の概要

中国の最近の発達の概観、すなわち清の没落から説き起こし、共和国の出現、その後の内乱、国民党の結成、共産党の跋扈を詳述し、

第二章　満洲

The Report
of the
Commission of Enquiry
into the
Sino-Japanese
Dispute

（資料8）リットン報告書

満洲国について述べ、すなわち中国が満洲に無関心であり、満洲の今日の発展は日本の努力による旨を述べ、張作霖および張学良時代の政情から露中紛争等に及び、

第三章　日支両国間の満洲に関する諸問題

日中両国間の満洲に関する諸論点、すなわち日本の満洲における権利を説明し、世界に類例を見ない特殊性を認識し、鉄道、商租権その他に関する諸争点、殊に事変勃発前数年間の重要問題を解説し、

第四章　一九三一年九月一八日当日及其後に於ける満洲に於て発生せる事件の概要

九月一八日当日およびその後満洲で起こった事件を述べ、当時は日中両軍の間に感情が緊張し、日本は万一の敵対行為に対し周到な計画を有し、満鉄線路の爆破を蒙り、迅速かつ的確にこれを実施したが、中国側は攻撃の計画を有しなかった。当夜の日本側の軍事行動は正当防衛の措置と認め得ないが、将校等が自衛のために行動しつつありと考えた（誤想防衛）という仮説を排除し得ないと記し、以後の軍事行動の経過を述べ、

第五章　上海事件

上海について二月二〇日から日本軍撤退までの行動を略記し、領事委員会を補足し、

第六章　満洲国

満洲国を取扱い、まず新国家の建設段階を述べ、日本の文武官の一団が、独立運動を計画し、組織したものと見なし、自発的独立を否認し、次に現政府の財政、教育、司法、警察、軍隊、金融を考察し、最後に在満中国人は一般に現政府を支持しないと結び、

第七章　日本の経済的利益及支那のボイコット

「日本の経済的利益と支那のボイコット」と称し、中国の態度を不法と認め、

第八章　満洲に於ける経済上の利益
満洲における経済的利益を詳述し、資源および開発に日中両国の親善回復を不可欠とし、実際的見地から門戸開放を希望し、
第九章　解決の原則及び条件
原状回復及び満洲国の維持を共に否認し、満足な解決法として準拠すべき一般的原則を明らかにしたいとし、
(一) 日支双方の利益と両立すること。
両国は連盟国であるから、各々連盟より同一の考慮を払われることを要求する権利を有しており、両国が利益を獲得しない解決は平和のためにはならない。
(二) ソヴィエト連邦の利益に対する考慮。
第三国の利益を考慮することなく両隣国間に於いて平和を講ずるのは公正でない。
(三) 現存多辺的条約との一致。
如何なる解決と云えども連盟規約、不戦条約、九ヵ国条約の規定に合致すること。
(四) 満洲に於ける日本の利益の承認。
満洲に於ける日本の権益は無視することなく事実であるから、如何なる解決方法もこれを承認して日本と満洲の歴史的関係を考慮に入れること。
(五) 日支両国に於ける新条約関係の成立。
満洲における両国各自の権利、利益及責任を新条約中に声明することは合意による解決の一部であり、将来紛争を避け相互的信頼及協力を回復するために望ましいことである。
(六) 将来に於ける紛争解決に対する有効なる規定。

その上に付随的なものとして、比較的重要でない紛争の迅速なる解決を容易ならしめるため規定を設ける必要がある。

（七）満洲の自治。

満洲における政府は支那の主権及行政的保全と一致し東三省の地方的状況及特徴に応ずるよう工夫された広汎な範囲の自治を確保するよう改めること。新文治制度は善良なる政治の本質的要求を満足するよう構成運用されること。

（八）内部的秩序及外部的侵略に対する保障。

満洲の内部的秩序は有効なる地方的憲兵隊により確保され、外部的侵略に対する安全は、憲兵隊以外の一切の武装隊の撤退及関係国間に於ける不信略条約の締結に依る。

（九）日支両国間に於ける経済的提携促進。

本目的の為両国間に於ける新通商条約の締結が望ましい。

（一〇）支那の改造に於ける国際的協力。

支那に於ける現近の政治的不安定が日本との友好関係に対する障害であり、極東に於ける平和の維持が国際的な関心事項であり世界に対する危惧である。ここに挙げた条件は支那に於いて強固な中央政権なくしては実行することは出来ないので、満足なる解決に対する最終的要件は故孫逸仙博士が提議された如き支那の内部的改造に対する一時的国際協力である。

もし現在の事態が右の条件を満たし、右に述べたような考えを含んだ方法によって緩和されれば、日支両国はその紛争の解決を達成し、両国間の密接な了解と政治的協力の新時代の出発点となすことが出来る。こうした提携が確保されない場合は、その条件がどんなものであれ、如何なる解決方法も真の効果は挙げられないであろう。

として、

第十章　理事会に対する考察及提議

現在の紛争解決のため、直接支那と日本政府に勧告を提出するのは調査委員会の職務ではないとし、本報告が満洲における日支両国の究極的利益を満足させようとする理事会の決議、あるいは日支両国に対する勧告に役立つべき諸提議を含んでいると信じる。本報告中の諸提議を、いまなお日々進展しつつある事態に、いかに拡張・適応すべきかを決定するのは国際連盟理事会の職務であるとしている。

理事会が前章に示された大綱によって紛争の解決を議論するため、支那と日本両政府を国際連盟に招請することを提議する。もしこの招請が受け入れられれば、次の措置は東三省統治のための特別な政府の憲法に関して審議し、詳細な提案を行うため、すみやかに**建言会議**を招集することを提議することである。

この会議は、支那と日本両政府の代表者、並びに支那政府により指定された方法によって選択されたもの一名、日本政府により指定された方法によって選択されたもの一名、計二名の、地方民を代表する委員を以って構成されることを提議する。

当事国の同意があれば、中立国のオブザーバーの援助を受けてもいいし、会議が何ら特殊の点について協定に達しない場合には、会議は意見の相違点を理事会に提出し、理事会はこれらの点について円満な解決を図るようにも追加している。

建言会議の開催と同時に、相互の権利、利益に関する日本と支那間の懸案は別個に審議される。この場合においても、同意があれば中立国のオブザーバーの援助を受ける。

これら審議と交渉の結果は四つの異なった文書に纏められることを提議する。

一、建言会議が勧告した条件に基づき、東三省に対して特別な行政組織を構成すべきだという支那政府の宣言。

二、日本の利益に関する日支条約。

三、調停、仲裁裁判、不侵略及相互援助に関する日支条約。

四、日支通商条約。

建言会議の会合前に、右の会議が検討すべき行政組織の概要は、理事会の援助のもとに当事者国間で協議することを提議する。その際、配慮されるべき事項には以下のものがある。

・建言会議の場所、代表の性質および中立国のオブザーバーを希望するか否か。

・支那の領土的・行政的な保全維持の原則と満洲に対する広範な自治の付与。

・内部の秩序維持の唯一の方法としての特別憲兵隊創設の方針。

・提議されたような別個の条約によって各般の懸案を解決するという原則。

・満洲に於ける最近の政治的発展に参加した者全員に対する大赦。

こうした広範な原則が予め協定されれば、細目については建言会議に於いて、または条約締結交渉の際に、当事国代表者に対して可能なかぎり十分な裁量の余地を残すこと。さらに国際連盟理事会に付議することは、協定失敗の場合においてのみ行われるものとする。

これらの手続にはいくつかの利点があり、本手続が支那の主権と抵触することなく、現存する満洲の事態に適した有効的、実際的な手段をとれると同時に、今後支那における国内的事態の変化にともなって起こりうる変革を配慮したものである。

本報告において、地方政府の改組や中央銀行の創立、外国人顧問の招聘のように、すでに提案されたり、現に実施されたりしている行政上、財政上の変革にも注意したので、建言会議においても維持した方が有利である。

又、提議した方法によって選ばれる満洲住民代表者の本会議出席も、現在の制度から新制度への転換を容易にするし、満洲に対して企図されている自治制度は遼寧（奉天）、吉林、黒龍江の三省だけに施行することを目的としている。いま日本が熱河（東部内モンゴル）において持っている権利は、日本の権益に関する条約の中で処理される。

としている。


―リットン報告書の結論―

報告書では、
・もともと不毛の荒野であった満洲の住人の大半が今や中国人であり、これは日本の地域経営の成果である。
・この地域の主要勢力であった張作霖はこの地域の独立を志向していたのではなく、あくまで中国の政権であると自認していた。
・中国政府の権力が極めて微弱であり日本人が保護されていない。
といった中国と満洲国の実情を述べた後、以下のように論じている。

一、柳条湖事件及びその後の日本軍の活動は、自衛的行為とは言い難い。
二、満洲国は、地元住民の自発的な意志による独立とは言い難く、その存在自体が日本軍に支えられている。と中華民国側の主張を支持しながらも、
三、満洲に日本が持つ条約上の権益、居住権、商権は尊重されるべきである。国際社会や日本は中国政府の近代化に貢献できるのであり、居留民の安全を目的とした治外法権はその成果により見直せばよい。一方が「武力」を、他方が「不買運動」という経済的武力や挑発を行使している限り、平和は訪れない。
などの日本側への配慮も見られる。

日中両国の紛争解決に向け、
一、「柳条湖事件以前への回復（中国側の主張）」「満洲国の承認（日本側の主張）」は、いずれも問題解決とはならない。
二、満洲には、中国の主権下に自治政府を樹立する。この自治政権は国際連盟が派遣する外国人顧問の指導の下、充分な行政権を持つものとする。
三、満洲は非武装地帯とし、国際連盟の助言を受けた特別警察機構が治安の維持を担う。
四、日中両国は「不可侵条約」「通商条約」を結ぶ。ソ連がこれに参加を求めるのであれば、別途三国条約を締結する。
と提言していた。
　この報告書に基づき、国際連盟は、満洲国の主権は中国に属するとされ、日本軍の撤収が勧告された。

報告書の争点

第一の論点は、中国の現状をどう認識し、その将来像をどう見るかの問題である。日本は、国際連盟理事会はもとよりあらゆる機会を捉えて中国を組織ある国家でないとし、混沌とした無政府状態のため、国際連盟に参加する資格に欠けていると主張してきた。そして中国は統一に向かっているのではなく、分裂・滅亡の道を歩んでいるとの見解を示した。

報告書は日本の見解を強く否定した。

中国は諸種の困難、遷延及び失敗にも拘わらず、事実において相当の進歩を遂げている。そして地方行政、軍隊、財政も漸次国家的性質を帯びると期待できる。つまり中国は日本の見解とは逆に統一強化への道を歩んでいるとの結論を表明したのである。中国が国際連盟理事国（非常任）に選ばれたのもその証左であるとした。日本の繰り返してきた主張は先ず退けられた。

報告書が中国の将来性への信頼を基調としたことは、報告書を理解する上でのポイントの一つとなろう（『リットン報告書』第一章）。

報告書は、中国共産党を国民政府の現実のライバルとしてその存在を重視した。中国における共産党は「それ自体の法律、軍隊及び政府並びに自己の行動領域」を持っている点で、他のいかなる国にも類例を見ない存在であるとした。そして中国における共産主義の問題は国家改造というさらに大きな問題と関連していると指摘した（『リットン報告書』第一章）。

第二の論点は、調査団が九月一八日夜の柳条湖事件及びその後の日本軍の軍事行動について日本側の自衛という主張を認めるか否かの問題である。

報告書は「九月一八日午後一〇時より一〇時三〇分の間に鉄道線路もしくはその付近において爆発があったのは疑いないが、鉄道に対する損傷はもしあったとしても、事実、長春からの南行の定刻到着を妨げなかったので、それのみでは軍事行動を正当化するに十分でない。同夜における上述の日本軍の軍事行動を合法なる自衛の措置と認めることは出来ない」と九月一八日夜の日本軍の行動を自衛とする日本の主張を全面的に否定した。

一八日夜の日本軍の行動、すなわち北大営への攻撃、奉天の占領が自衛でなければ、それ以後事実上全満洲の占領に発展した日本の軍事行動はもとより自衛行動ではなく侵略行為と調査団によって認定されたといって良かろう。これは満洲事変の正当性についての日本の主張を根本から覆すものであった。

日本は意見書で調査団の結論に反駁した。二二万の中国軍に対する僅か一万四百人という劣勢の日本軍が一〇〇万人を超える満洲在住日本人の保護という責任を負っていること、中国側が不抵抗を命じていたのが事実としても不規律な中国軍がそれを順守する保障がないこと、さらに不戦条約における自衛権の解釈問題を挙げて報告書を批判した。

第三の論点は、満洲が果たして日本側の云うように在地中国人住民の自発的意志によって建国されたのかという問題である。

報告書は、満洲国の創設に最も有効に寄与し、それなくして新国家は形成し得なかった二つの要因として、日本軍隊の存在と日本文武官吏の活動を挙げた。そして満洲国は真の自発的な独立運動によって出現したものではないとの結論を示した。

報告書は満洲国政府の各部局の長官は満洲在住の中国人であるが、政治的行政的権力は日本人官吏・顧問の掌中にあること、最近任命された特派大使（八月八日武藤信義大将を関東軍司令官・特命全権大使・関東州長官に任命）は満洲の首都に駐箚し関東長官の資格で南満洲鉄道を監督し、外交官・領事官を指揮し、さらに占領軍の総指揮官としての権力を掌握していると指摘、満洲国が日本の傀儡国家である現実を具体的に明らかにしたのである（『リットン報告書』第六章）。

調査団が満洲滞在中、農民、小商人、都市労働者及び学生から一五五〇通の書簡を受け取ったが、二通を除き他はすべて新「満洲国」及び日本人に敵意を表明していたと報告書には記された。

リットン報告書が一〇月二日に発表された時、日中両国はもとより、世界が最も注目したのは第二、第三の論点における調査団の判定であった。

スティムソン米国務長官も例外ではなかった。

スティムソン米国務長官の所にブレースクスリーより報告書が届けられたのは九月二六日（土曜日）の夕方であった。同夜にかけて内容を読んだスティムソンは素晴らしいペーパーであると心から満足した。「報告書は全員一致であり、重要な全ての論点で日本の見解は否定された。それは第一に昨年九月一八日の日本の行動は自衛という理由で正当化されないとし、第二に日本が作った満洲国は自発的でないと指摘している」と語った。

満洲問題解決の基本構想

それならば満洲問題の永続的な解決の基礎はどこにおくべきか、調査団は、そのため第九章「解決の原則および条件」、第一〇章「考察および理事会への提議」を提示した。

一、満洲には中国の主権のもとで広汎な権限を持つ自治政府を設置する。

二、自治政府では国際連盟の主導のもとで外国人顧問が各方面で指導・勧告にあたる。

三、満洲内の治安・秩序は外国人顧問の育成する特別警察隊が維持し、あらゆる軍隊は撤退する（日本軍はもとより中国軍も撤退）。すなわち満洲は漸次的に非武装地域とする。

四、中国は日本、ソ連など隣国と不侵略条約を締結し外部よりの満洲への侵略に対する安全保障とする。

などである。

日本に対する特別な配慮として、

一、外国人顧問について十分な割合を日本人に考慮する。最高法院の二名の外国人顧問のうち一人は日本人とする。

二、日本人の商業に対する組織的ボイコットを禁圧する。

などがあった。

さて、リットン提案中最も重大な課題の一つである満州地域での非武装化について見てみよう。

満洲からの中国軍及び日本軍の全面撤退、つまり満洲の非武装地域化という画期的な提案は、調査団が早い時期から持っていた発想が六月の北平における国民政府首脳との会談によって確認されたと云って良かろう。

報告書に対する日本の意見書が一一月一九日、次いで中国の意見書が一二月三日連盟に提出された。日本が一一月二一日連盟に提出した意見書は六四ページにわたるが、大部分は先述の三争点への反駁にあてられ、第九、一〇章に対しては結論で六ページほどに触れているに過ぎない。

その要点は、

一、第一〇章の諸提議は仮想的国際管理に等しい。

二、満洲の軍備を撤廃し、特別の国際憲兵隊のみにより同地域の平和と秩序を維持するというような案は、現実の事態に全然適合しないと認めざるを得ない。このような提案は調査団自体が排除しようとしている原状回復に比べてもさらに事態を悪化させるというにあり、日本としては検討の価値もない。

というものであった。

一方、中国は、一〇月一二日外交委員会を開き報告書への対応を決め、羅文幹外交部長から連盟代表顔《がん》恵《けい》慶《けい》に伝えられた。一五日羅外交部長は漢口に赴き蒋介石軍事委員会委員長の直接の指示を仰いだ。

蒋介石は、報告書の第一～八章は公平に事実を指摘しており受諾できるが、第九、一〇章の両章の勧告は日本の希望と東三省における日本の勢力を重視し、また九月一八日の責任を放置しているので、我が国としては、全責任を負うのは中国でない事を示すために、必要な修正を連盟に要求しなければならないとした。

永久平和を樹立するための報告書の勧告について、中日両国軍隊の東三省よりの撤退、不侵略条約や紛争の和解及び調停に関する条約の締結は、中国に重大な犠牲をもたらすけれども、真の平和を保障する適当な方式に基づくものならば中国は誠意をもって受諾を考慮する。

しかし諮問会議の招集、外国人顧問の強制的任用、日中鉄道の合弁、対日ボイコットの永久禁止など、現在の日中間の条約に含まれていない中国の主権や行政的保全を侵害するような勧告については、撤回ないし根本的な要求をしなければならないとして、

一、軍隊の撤退、日中不侵略条約の締結は中国に犠牲を強いるようなものだが、中国は誠意をもってこの案を考慮する。満洲からの日中両国軍隊の撤退に加えて、一九二五年イギリス、イタリアなど諸国が仏・独間の国境を保障したロカルノ条約のような安全保障条約が締結されなければならない。

二、満洲の原状が回復されたのち、全ての紛争は日中間の和解委員会あるいは調停裁判所にかけられる。

三、中国は連盟に対し、中国自身満洲の行政改善に努力することを声明する。この改善計画は漸次的な人民代表機関の設置、中央政府と地方政府の権力分割システムの実施、援助のための外国人顧問の雇用を含む。しかし外国人専門家の任免は中国人官吏の任用、移動に関する中国の法律や条例によって行い、行政完整の原則を妨げないよう条約による制限や拘束を受けない。

とした。

また、蒋介石は、満洲の行政は中国の自主的な改革を基礎に運営するという方針を明らかにし、報告書に見られる広汎な満洲の国際管理的な構想には鋭く反発した。

具体的に第九、一〇章全体の中で、日本に有利な配慮はどこに見られるだろう。

第一に、排日ボイコットの禁止である。

中国政府は、日本の貿易に対する組織的ボイコットをあらゆる手段を使って禁止し鎮圧することが要求された。これは現在の段階で軍事的にも劣弱な中国から最も有効な対日抵抗手段を奪うものであり、日本にとっては予てからの強い主張が国際的に認められたことを意味する。これは、日本が正に調査団に期待していた成果であった。

第二は、満洲（東三省）問題である。

一、満洲非武装化に伴う措置で、もし中国軍が違反して満洲に侵攻した場合、あらゆる対抗策をとり得る（反対の場合も同じである）のであって、軍事面において日中両国は満洲に対し平等の立場を認められることとなった。これは優勢なる軍事力を朝鮮に保持しうる日本にとっては有利な条件である。そしてもしソ連が満洲に侵攻した場合は、日中両国が共同して防衛することになるのである。

二、満洲自治政府の行政面における特殊性が承認された。

自治政府に広範な影響力を及ぼす外国人顧問について「充分なる割合」、そして比較的多数が日本人顧問に割り当てられることになった。

充分なる割合が具体的に何割を示すのか明確でないが、最高法院の二名の外国人顧問のうち一名が日本に指定されているのを見れば、顧問の半数ないし半数近くは日本人が認められよう。治安を維持するための唯一の武装部隊である国際憲兵隊の外国人教官についても同じであろう。

三、満洲における経済発展への日本の自由な参加が承認された。

その基礎として鉄道問題の解決、日本人居住権・商租権の全満洲への拡張、熱河省における日本権益の存続が認められた。他の外国人も勿論均霑《きんてん》できるが、近接し居留人口の多い日本にとって有利な事はいうまでもない。

もちろん日本人にとって警戒すべき点もある。特に、連盟理事会の容喙《ようかい》が所々に見られる点は、過つてない新しい事態の展開を意味する。

例えば、日中両政府代表並びに双方が指定する地方代表によって構成される諮問委員会で論議が対立した場合、理事会に問題が移されることなどは代表的な事例である。

最後に報告書が日本に特殊な位置を与えている、或いは日本に特別な配慮を示していると見られるのは、まず第九章の最後の一節で、中国にとって死活問題は、国家の改造及び近代化であるが、実現には「一切の国家、特にその最近隣者たる大国との友好関係の涵養が必要」であり、中国は政治、経済的事項において「一切の主要国の協力を必要とするも、しかも中国にとり特に有益なるは日本政府の友好的態度及び満洲における経済的協力」であるとする。

そしてさらに新たに覚醒した中国ナショナリズムの他の全ての要求は、それが如何に合法的かつ緊急なものであっても「国家の有効なる内部的改造のためのこの重大必要の前にはこれを従たらしめざるべからず」として、列国の中でも特に日本との友好関係、満洲における日本との経済協力の重要性が、中国ナショナリズムの他の全ての要求に優先するとまで云っているのである。

この第九章最後の一節が日本の立場、中国の対外関係に占める日本の特殊性を充分に顧慮し重大視したものであることは云うまでもない。

ここでリットン報告書中の注目すべき指摘事項を紹介しよう。

―満州事変の性格について―

《問題は極度に複雑だから、一切の事実とその歴史的背景について十分な知識を持った者だけがこの問題に対して決定的な意見を表明する資格があるというべきだ。この紛争は、一国が国際連盟規約の提供する調停の機会を予め十分に利用し尽くさずに、他の一国に宣戦を布告したといった性格のものではない。また一国の国境が隣接国の武装部隊によって侵略されたといったような簡単なものでもない。なぜなら満洲においては、世界の他の地域に類例を見ないような多くの特殊事情があるからだ》（第九章）という指摘をしている。

それはどのような特殊性があると見ていたのであろうか。

《当時、支那は北京と広東に全く異なった政府を持ち、奥地の交通・通信を妨害する多くの匪賊の為に混乱し、更に支那全体を渦中に投じるような内乱の準備もなされていた。（中略）独立を主張する政府は実に三つも出来てしまった。その上実際に自立した省、又は省の一部があった》（第一章）

《政治的混乱あるいは内乱、社会的・経済的不安は中央政府の衰微をもたらすと同時に、一九一一年の革命以来、支那の特徴となっている。こうした状態は支那と接触するあらゆる国に不利な影響を及ぼし、それが克服されるまで支那は、常に世界平和の脅威であり、また世界経済の不況の一原因となるだろう》（第一章）と、当時の支那には正当な政府がなく、いくつもの政府が出来てしまい、それが麻の如く乱れ、それぞれ勝手にやっていたのであり、そうした支那の状態は「世界平和の脅威」だった、と正しく指摘している。

《領土が広大で、支那の人民には国家的統一観が欠如しているばかりか、徴収された税金が中央金庫に達しない財政組織が伝統になっていた》(第一章)

税金の徴収なども異常なものだった。通貨も、各政府・各軍閥が勝手に発行していたから統一通貨などなく、また兌換《だかん》紙幣ではなかったから、政府や軍閥の思惑次第で通貨価値は下落して、ひどい時には紙くず同然になってしまう。

その結果どういうことが起こったか。

《日本は支那にいちばん近い国で、また支那は最大の顧客だから、日本は本章で述べたような無法状態によってどこの国よりも強く苦しんでいる。支那における居留外人の三分の二以上は日本人だし、満洲における朝鮮人の数は約八〇万人にのぼる。従がって、今のような状態のままで支那の法律、裁判および課税に服従しなければいけないとしたら、それによって苦しむ国民が一番多いのは日本である》(第一章)

挙句の果ては、教科書などでは「日貨排斥」と記述されているボイコットが支那中に吹き荒れた。

《初期のボイコット方式は、①排斥される国の商品を買わないようにすることだった。しかし次第に活動範囲は広がって、②その国に対して支那の商品を輸出しない、③あるいは支那にいるその国の人間に対して有償・無償のサービスを拒絶する、といったふうに拡大された。そして遂に、④最近のボイコットは「敵国」との間の全ての経済関係を完全に遮断するようになった》(第七章)

ボイコットの問題に関して報告書は、日本に対して非常に同情的である。

「ボイコット」の語源についても、この報告書は『エンサイクロペディア・ブルタニカ』第十四版からの引用があり、それによると、ボイコットというのは単に「売らない・買わない」というレベルの問題ではなく、生命を脅かされたり、家を壊されたり、私信を奪われたり、食料の供給を邪魔されたり……といったふうに暴力的な要素がかなり入り込んでいることが判る。ボイコットとは、糾弾に近い行為だったのである。だから報告書は、《支那側が法を適用しない事によって日本国が損害を被ったことは、将に支那政府の責任問題に発展する》（第七章）と結論している。

また、こうしたボイコットに伴う排日・侮日運動のモヤモヤを一気に吹き飛ばした満洲事変の快進撃に当時の日本国民が喝采したことについては、竹山道雄（『昭和の精神史』講談社学術文庫　一九八五年）ほか、多くの証言がある。

―満洲に関する日本の権益について―

《満洲における日本の権益は、諸外国のそれとは性質も程度も全く違う。一九〇四から五年にかけて、奉天や遼陽といった満洲沿線の地、或いは鴨緑江や遼東半島など、満洲の曠野で戦われたロシアとの大戦争の記憶は、全ての日本人の脳裡に深く刻まれている。日本人にとって対露戦争とは、ロシアの侵略の脅威に対する自衛戦争、生死を賭けた戦いとして永久に記憶され、この一戦で一〇万人の将兵を失い、二〇億円の国費を費やしたという事実は、日本人にこの犠牲を決して無駄にしてはならないと決心をさせた。しかも満洲における日本の権益の源泉は、日露戦争の一〇年前に発している……》（第三章）

―日本及び日本の軍隊について―

《明治維新の頃、日本は二世紀以上に亘る孤立から脱し、それから五〇年も経たないうちに世界の第一等国にまでのしあがった》（第七章）

《一般的には日本兵の行状は善良である。個人的蛮行を訴える投書もあったが、略奪又は虐殺の事例はない》（第六章）

と評価している。

調査団の委員全員が報告書にサインをして国際連盟に送ったのが一九三二年九月四日であったが、報告書の最後のコメントに、近々の日支両国の外務大臣の声明が引用されている。

「最も重大な一点を双方から抜粋しておく」とし、

羅文幹氏は南京での八月二八日、『支那は事態の解決に対するどんな合理的な提案も、連盟規約や不戦条約、九ヵ国条約の各章と精神、および支那の主権と両立すべきものであることを必要とし、また極東における永続的な平和を有効に確保するものであることを要す、と信じている』と声明し、内田康哉は東京に於いて八月三〇日、『帝国政府は、日支両国関係の問題は満蒙問題よりさらに重要だと考えている』と声明したと紹介し、

「この両声明の基調をなす思想を再録することを最も適当と考え、その思想は、我々の収集した証拠、問題に関する我々の研究、従がって我々の確信と正確に対応するもので、我々は右の声明によって表示された政策が迅速かつ有効に実行されるなら、必ずや極東における二大国と人類一般の最善の利益に於いて、満洲問題は満足な解決を遂げるであろうと信じている」

とし、報告書を結んでいる。

リットン報告書で欠如している根本的な認識不足は、《満洲においては、世界の他の地域に類例を見ないような多くの特殊事情がある》（第九章）としているのにも拘らず、『満洲は満洲民族の土地であって、支那の一部ではない』という認識を欠いていたことである。この件は、調査団の調査中に日本側が誠意を尽くして説明したにも拘らず理解が得られず、全ての問題の根本的なボタンの掛け違いの元になったという認識不足の報告書になったことが歪めない（渡部昇一：『全文「リットン報告書」』新装版　ビジネス社　二〇一四年）。

《参考》

リットン報告書は、引用とか、語句の解釈に『エンサイクロペディア・ブルタニカ』第十四版を利用していることは興味深い。

ブリタニカ百科事典（英：Encyclopedia Britamnica）とは、イギリス英語で書かれた百科事典である。英語の百科事典としては最古のものであり、今もなお製作されている。

歴史を通してブリタニカは三つの目的を持っていた。それは優れた参考書であること、教材に資すること、全人類の知識を体系化することである。

一九三三年、ブリタニカは百科事典としては初めて継続的な改訂が行われるようになった。二〇一二年三月ブリタニカ社は、紙の書籍としての発行を取り止めオンライン版ブリタニカ・オンライン（英語版）に注力すると発表した。二〇一〇年に三二巻で印刷されたものが紙の書籍としては最後となった。

第五章　ＡＲＡ密約

実は、リットン報告書には密約が存在していた。

その存在が明らかになった経緯を、当時の日本外務省の動向と合わせてみてみよう。

一九三二（昭和七）年一月一九日の午前、興津の坐漁荘《ざぎょそう》に矢継ぎ早に高級車が到着した。

その日、坐漁荘の亭主元老西園寺公望の許に呼び出されたのは、もう一人の元老牧野伸顕と現職外務大臣の芳澤謙吉、その上に、ヴェルサイユ条約講和会議の時に随行した政友会に属する官僚出身の政治家・松岡洋右であった。

元老《げんろう》とは、日本近代史上、明治中期の内閣制度創設から昭和初期まで存在した政界の超憲法的重臣である。天皇の下問に答えて内閣首班の推薦を行い、国家の内外の重要政務について政府あるいは天皇に意見を述べ、その決定に参与するなどの枢機を行なった。

ヴェルサイユ条約は、一九一九年六月二八日にフランスのヴェルサイユで調印された、第一次世界大戦における連合国とドイツの間で締結された講和条約の通称である。ドイツの領土割譲、海外植民地の放棄、賠償支払い、軍備制限などについて定め、国際連盟を設立した。

日本からは、西園寺公望元首相、牧野伸顕元外相、珍田捨巳駐英大使、松井慶四郎駐仏大使が出席し、松岡は、首席随員兼新聞課長であった。

その日の参集の名目は、芳澤外相から上海での事件勃発の緊急報告を受ける事であった。

上海は、当時「中国の窓口」と呼ばれた国際都市である。東シナ海に注ぐ中国一の大河揚子江《ヤンツーチャン》を、河口から約七〇キロ遡ると黄浦江という中級の河川との合流点に達する。ここから蛇行する黄浦江を約一七、八キロ遡った辺りに上海の街が広がる。つまり上海は海港ではなく、市街を貫通している黄浦江による河港都市である。

上海の国際化は一九世紀半ばに遡る。当時、英国と清国の間に起こった阿片《アヘン》戦争の結果、南京条約によって開港され、列強の租界が設置された。

租界（コンセッション・セッツルメント）とは、第二次世界大戦前に中国に設置された外国人居留地で、外国人が永久的に土地を借り居住する地域で、行政権や司法権も当該国に移譲される。つまり治外法権下に置かれる地域である。

上海には、この当時、フランス租界と共同租界（英・米の共同管理）があり、世界各国の対華貿易の中心地であった。

そのため、外国資本や買弁資本の商社、工場の進出が目覚ましく、近代都市化が進む一面、旧態依然たる中国行政下の地域が隣接し、警察権が中国、フランス、イギリス、アメリカと錯綜していたため、治安が一定せず、『東洋の魔都』と呼ばれる様相を呈していた。

満洲事変が勃発すると、中国各地に激烈な排日・抗日運動が起こった。その中で中国随一の人口一五〇万人を持つ国際都市上海に、反日運動が波及したのは当然と云えた。

上海では、連日、排日デモが続いた。その不穏な情勢を煽ったのは、上海周辺に駐屯していた中国最強の軍である十九路軍《じゅうくろぐん》の存在であった。

十九路軍（軍長、蔡廷鍇《さいていかい》）は、三万四〇〇〇の兵力を擁し、ドイツ軍事顧問団（団長、フォン・ゼークト将軍）の指導を受けた精鋭である。

一方、当時上海に在留する日本人は約三万、これを保護するために派遣されていた海軍上海特別陸戦隊の兵力は、約二五〇〇である。

一九三二（昭和七）年一月一八日深夜、その上海の街外れの工場街を寒行中の日本人僧侶が、中国人暴徒に襲われ殴打されて重傷を負うという事件が起こった。その翌日、この報を聞いて激昂した日本人居留民の一部が、暴徒のたむろしていたと思われる工場を襲って、逆に数名の中国人を負傷させた。

芳澤外相の報告も外務省に入った第一報であり、詳細については判明次第追加報告することになった。

しかし、実はこの上海事件の報告は表向きで、あらかじめ懸案である満洲事変の善後策から、根本的な満洲統治の行政の一元化に関する問題に対しての各人の考えを聴取することが含まれていた。

リットン調査団が満洲を視察中に如何なる報告書を作成するかの予測や満洲事変に対し予想される国際連盟の処置を利用し、我が国の軍事外交を葬る仕掛け、すなわち軍政から民政への動きが話し合われたのである。

ここであらためて、坐漁荘《ざぎょそう》について触れよう。

静岡県庵原郡興津《おきつ》町にある西園寺《さいおんじ》公望《きんもち》公爵の私邸は、太公望呂尚《りょしょう》が「茅《ちがや》に坐して漁した」という故事にちなむもので「坐漁荘」と名付けられた。（資料９・10・11）

三〇〇坪の敷地に京風数寄屋造り二階建ての一軒家と、執事室や警備の詰め所、倉庫が建っている。門は

（資料9）西園寺公望

（資料10）坐漁荘外観
（毎日新聞社提供）

（資料11）坐漁荘客間
（毎日新聞社提供）

瀟洒《しょうしゃ》な編み竹扉で、小料理屋と間違えられたこともあったという。冬枯れの芝生に奇岩と佳樹を配した瀟洒な庭園は、執事の農業技師でもある熊谷八十三の手で見事に行き届いている。

主の人柄か、豪奢《ごうしゃ》の趣は微塵もない和風の建物は、細やかに意匠に心が配られ、却って元老の深重を伝えており、一階には八畳間が二つ並んでおり、西園寺はそこで生活していた。二階は客間として用いられた。一見質素な作りであったが、木材は上質であり、外壁は桧《ひのき》の皮で葺かれていた。

明媚で知られた名勝清見潟《きよみがた》は、江戸時代には興津《おきつ》宿とし東海道五十三次の一七番目の宿場町として発展し、明治以降は鉄道が開通したことにより、別荘が建ち、避寒地として全国的にも知られていた。

西園寺は、東京駿河台の本邸の他に、静岡県御殿場町の便船塚《びんせんつか》別荘、同じく静岡県興津《おきつ》の坐漁荘、京都の清風荘の各別荘に隠棲し、元老として重きをなした。最晩年になると、避暑のために御殿場に滞在する以外は、年の大半を冬期が温暖な坐漁荘で過ごしている。

当時の日本政界の中枢人物による興津《おきつ》の坐漁荘《ざぎょそう》詣が頻繁に行われた。

その日の参集者についても、経歴をもう少し詳しく見てみよう。

西園寺公望《さいおんじきんもち》は、一八八一（明治一四）年一一月二四日参事院議官補に任じられ、官界に入った。参事院は伊藤博文が国会開設の準備のために設置した機関であった。

フランス留学後には伊藤博文の腹心となった。第二次伊藤内閣にて文部大臣として初入閣し外務大臣を兼任、第三次伊藤内閣でも文部大臣として入閣した。

一九〇〇（明治三三）年には伊藤による立憲政友会旗揚げに創立委員として参画し、最高幹部である総務委員の一人となった。その後、立憲政友会の総裁に就任した。

一九〇六（明治三九）年内閣総理大臣に任じられ、第一次西園寺内閣、第二次西園寺内閣を組閣した。

その後は首相選定に参画するようになり、一九一六（大正五）年に正式な元老となった。

牧野《まきの》伸顕《のぶあき》は、維新の元勲大久保《おおくぼ》利通《としみち》の子で、イタリア公使、オーストリア公使、伊藤やその後継者である西園寺に近く、初期の政友会と関係の深い官僚政治家となり、対外協調的な外交姿勢と英米型自由主義による政治姿勢を基調とし、一方では薩摩閥により広く政界、外交界、宮中筋と通じるという、独自の地位を築きあげた。（資料12）

牧野が宮相として後継首班奏請に参画できたのは、元老の減員、高齢化による機能の代行と宮内官僚内の職域を越えた横断的な側面があった。牧野は元老と重臣の間の連絡役に徹しようとした。

牧野の対人姿勢は人の長所を観て決して短所を観なかった。相手の話をよく聞き、自分の意見と異なっていても、頭ごなしに否定せず、再考させたのである。

芳澤謙吉《よしざわけんきち》は、一八九九（明治三二）年、外務省に入省。以後、人事課長、政務局長、欧米局長を歴任。一九二〇（大正九）年、亜細亜局長、後に欧米局長を務める。一九二三（大正一二）年、駐中華民国特命全権公使に任命される。

一九三〇（昭和五）年、駐仏特命全権大使に任命され、在任中の一九三一（昭和六）年九月一八日、満洲事変が勃発。国際連盟日本代表理事として活躍した。

（資料12）牧野伸顕

一九三一（昭和六）年一二月一三日に、民政党の若槻禮次郎《わかつきれいじろう》内閣が、閣内不統一を理由に総辞職し、代わって政友会の犬養毅《いぬがいつよし》が内閣を組織した。

犬養は、外相に娘婿である駐仏大使兼国際連盟代表として、スイスのジュネーブにいた芳澤謙吉を起用した。温厚で誠実な人柄には定評があって、諸外国の外交官の間では信頼が厚かった。

外交官としては松岡洋右の六期先輩に当たる。

松岡洋右《まつおかようすけ》は、一一歳の時、父親が事業（廻船問屋）に失敗し破産したこと、親戚が既に渡米して成功を収めていたことなどから一八九三（明治二六）年に留学のため渡米する。オレゴン大学法学部に入学、一九〇〇（明治三三）年に卒業する。オレゴン大学と並行して早稲田大学の法学講義録を取り寄せ勉強するなど、勉学心旺盛であった。（資料13）

一九〇四（明治三七）年に外交官試験に首席で合格し、外務省に入省する。外務省では、はじめ領事官補として中華民国上海、その後関東都督府などに赴任。その頃、満鉄総裁だった後藤新平や三井物産の山本条太郎の知遇を得る。帰国後は総領事として再び中華民国勤務となるが、一九二一（大正一〇）年、外務省を四一才の若さで退官した。

退官後はすぐに、上海時代に交友を結んだ山本条太郎の引き抜きにより、南満洲鉄道（満鉄）に理事として着任、一九二七（昭和二）年には副総裁となる（総裁は山本）。

一九三〇（昭和五）年、満鉄（副総裁）を退職。二月の第一七回衆議院議員総選挙に郷里山口二区から立候補（政友会所属）、当選する。議会内では対米英協調、対中内政不干渉方針とする幣原外交を厳しく批判し、国民から喝采を浴びる事となる。

（資料13）松岡洋右

上海事件追加報告会の名目で二月一〇日、坐漁荘で同じメンバーが会した。

芳澤外務大臣から、前回集まった一月一九日が、国際連盟紛争調査団（リットン調査団）のメンバーが決まった日でもあったことでもあり、調査団のメンバーが披露された。次いで、上海事件のその後の顛末が報告された。

満洲事変の発案者である関東軍の板垣征四郎参謀（後に大将、陸相）が、国際世論の非難集中に閉口した挙句、その注目をそらすため、上海で事を起こしたとか、事件そのものを計画したのは、田中隆吉少佐（後に少将、陸軍軍務局長）であると云われたが、真相は判らずじまいである。

真相が判らぬままに、上海在中の日本人はいきり立ってデモや集会を行う。

一方、十九路軍は、上海での物情不穏を理由に兵を動かし、共同租界とそれに隣接する日本人居留区域（閘平《チャペイ》）を包囲したため、各所で海軍陸戦隊と小競り合いを起こした。

また、各国公使館邸や総領事館が、中国人暴徒に襲撃されるなどの事件が頻発した。

一月二八日、その対立が極限に達し、遂に十九路軍と海軍陸戦隊は、全面的に砲火を交わすに至った。いわゆる第一次上海事変の幕開けである。十数倍の敵に包囲された海軍陸戦隊は、たちまち苦戦に陥った。

政府は、直ちに戦争不拡大の方針を声明した。その一方、外務省は三万を超える日本人居留民の安全確保のため、十九路軍の後退を中国政府に求めると共に、上海に駐留する英・米・仏の各国軍隊に対し、その警備区域を拡大して、非武装地帯を設置するよう要請を行った。

英・米・仏三国とも、武力衝突した日本と共同歩調を取ることは、戦闘に巻き込まれる恐れがあるため拒絶して来た。中国側も、自国の領土内における軍の配置に関する要求は内政干渉だと拒絶してきた。

やむなく芳澤外相は、陸軍増派に踏み切らざるを得なかった。

昭和七年二月二日、緊急閣議で上海への応急派兵が決定した。

陸軍は、久留米から下本《しももと》少将指揮による混成第二十四旅団（兵力約一万）を急派する一方、更に植田謙吉中将指揮の金澤第九師団の緊急派兵を行うことを二月一〇日決定した。

その日、松岡洋右は芳澤外相より政府特派大使として上海に赴き、上海事変の調停工作を依頼されることになった。


次いで、いよいよ肝心な話題に移ってきた。

芳澤から国際連盟での情勢についての概略説明を聞き、調査団報告書提出後の後処理のための検討に移って行った。

すなわち、満洲事変善後策についてである。


坐漁荘《ざぎょそう》の庭園に視線の定まらぬ眼をやる西園寺のつぶやきが清見潟《きよみがた》の怒濤を打ち消すかのように流れた。

「明治以来……営々辛苦の甲斐あって、日本もようやくここまで来たが……こんな思いがけない難関に遭遇しようとは思わなかった。内に関東軍、外に国際連盟、この内憂外患が突破できなければ、日本の国運もこれまでかもしれん……」

二階の客間のソファには、亭主西園寺のほかに、牧野、芳澤、松岡らの沈痛な面持ちの顔が控えている。

テーブルに配置された灰皿で消しやった吸殻から幾本もの煙がたちこみ燻ぶらせている。

食卓には酒の肴として名物の興津鯛《おきったい》、山と盛られた温州ミカンが置かれている。

興津鯛は、静岡県中部でのアマダイの異名であり、単にアマダイのことを指す場合もあるが、一般的には一夜干しにしたものを興津鯛とよぶ。アジの干物などでは二枚に開いて半身に中骨を残すが、興津鯛は中骨を取り去ることが特徴的である。さっと炙って食べる。興津の名産である。


重苦しい空気の中、牧野が松岡に話しかけた。

「どうだろう。外交的手段で関東軍をうまく抑え込む妙手というのはないものかね」

松岡が、一瞬返事に困ったのを見兼ねて、芳澤が代わって答えた。

「そんなうまい手があれば苦労しません。連中の眼中には、外務省なんて在って無きがごとしですからな」

事実そのとおりだった。事件勃発の当夜、砲声でそれと知った奉天総領事館では、林久治郎総領事が森島守人総領事代理に命じて、奉天独立守備隊に赴かせて、

「外交交渉で事態を収拾したいと思うから、ひとまず攻撃を中止されたい」と申し入れた。

その際、守備隊本部に集まっていた関東軍の参謀は、この申し入れを無視したばかりでなく、奉天特務機関の花谷正少佐などは、

「役にも立たん役人など引っ込んどれ。文句をぬかすと貴様からぶった切るぞ」

と、軍刀の柄に手をかけて脅したという。

そうした噂を耳にしている牧野が、「やはり、手も足も出んか……」

と苦笑した。

その二人を見比べた松岡は、「いや、そうとばかりは言えんでしょう」

と反論した。

「何か手があるというのかね」

牧野が答えを求めた。

「あると思います。例えば近々来日する国際連盟の調査団です」

「調査団が、どんな手に使えるというのかね」

「まだ調査の始まらない前から、こういう予想をするのはどうかと思いますが、調査団の参加メンバーの対日感情からみて、我が方に有利な調査結果が出るとは到底考えられません。五分五分と言いたいが、四分六分、悪くすると七分三分で我が方が不利でしょう」

「その恐れは充分だな」

　西園寺は、渋い顔で口を入れた。

「ですから、その調査内容を軍に示して、調査団が指摘する我が方の行き過ぎを是正させる……例えば、一部地域からの兵力撤退とか、没収財産の返還……あるいは、各地の自治委員会から手を引く……」

「しかし、関東軍が調査団の指摘することに率直に応ずるかね」

　牧野は、疑念をあからさまに顔に出した。

「さあ、それです。調査報告が公表されてからではまず無理でしょう。それから慌てて引っ込んだのじゃ彼らの面子にかかわります。だから公表される前に、こっそり調査内容を手に入れて、彼らに突きつけるのです。『こういう内容の調査報告が出る。連盟に肩すかしを食わせるため、引っ込んでくれんか』とね、『それが嫌だということになると、日本は世界を相手に突っ張らなければならなくなる。軍は世界から孤立して国家防衛の責任を果たせるか』、そう詰め寄れば、彼らも恐らく世界を相手にする自信はないでしょう」

「なるほど……」

牧野は考えをめぐらす様子だった。

—満洲事変を全面的に否定せず、調査団の調査内容によって、なし崩しに関東軍を規制して行く……。

—関東軍の行き過ぎを是正することによって、世界に日本の公正なやり方を示す……。

確かに、一石二鳥の名案と言えた。

「ただし……ですよ。くどいようですが、報告書が連盟に提出され、公表されてからでは遅い……報告書に屈服したとなると、軍の面目は丸潰れです。勝ち戦に驕った関東軍は絶対に後へ退かんでしょう、悪くすると『孤立も辞せず』と開き直る可能性がある。やるならあくまで調査中にその内容を入手する事です」

「どうだろう、外務大臣」

西園寺が、改まった態度で芳澤に声を掛けた。

「松岡君の提案には一理あると思う。なんとか連盟派遣団の調査中に、その内容を入手出来ないかな」

「はあ……策を考えてみましょう」

芳澤は、そう答えたが、当惑の色は隠せなかった。

「松岡君に、策はあるかね」

牧野は、松岡の対答を待った。それだけ乗り気になった、とも言えた。

「策ですか？……」

松岡は苦笑いを浮かべた。

「買収ですな……汚い手ですが、やむを得ません」

「買収か……」

牧野は、深刻な顔でうなずいた。

「それも手だが…もし、買収が効かんとしたらどうだね」

—しっこい！　松岡は、内心舌打ちしたが、表情には出さず、笑って見せた。

「金で買えなけりゃ、盗みますか……。それしかないでしょう」

—盗む？

笑い飛ばす松岡の顔を、牧野も芳澤も呆れて言葉なく見つめた。

一人西園寺だけは、衝撃を受けたように顔をこわばらせていた。


政府は、連盟に従がって関東軍を見捨てるか、それとも関東軍の主張を容れて連盟を脱退するか、二つに一つを取らなければならなくなる。

関東軍を見捨てるという事は、関東軍司令部を廃止して、師団を参謀本部の隷下に移し、在満部隊に対する命令は、直接参謀本部、陸軍省から出す。そうなれば、関東軍は勝手な行動がとれなくなる、ことになる。

それは、軍部との手詰りからの脱却を意味し、最終的に関東軍の抑止になることを意味する。


方法としてリットン調査団の調査文書が挙げられ、調査団がどんな報告を書くか、それによって対応策を考えることになり、そのため調査文書の買収策、略奪策が検討されることになった。

リットン調査団の調査文書買収工作は、二つの方法によって行われた。

一つは、外務省の「リットン調査団タイピスト買収工作」で、ジュネーブの連盟日本代表部事務局長伊藤《いとう》述史《のぶみ》の手によって行われた。

伊藤は語学の天才と呼ばれ、法律にも詳しく各国代表団の間でも交際上手との定評があった。その伊藤でさえも、リットン調査団の代表や各国の幹部随員には手が出せない。そこで彼が目を付けたのが、調査報告書作成のため、連盟本部事務局から派遣されるタイピストたちだった。

伊藤は早速買収に掛かった。ところが、人間というのはどこの国でも同じような事を考える。相手方当事国の中国も、タイピスト買収に目を付けていたのだ。猛烈な競り合いになった。

戦後、関係者の証言によると、日本代表部が外務省機密費から捻出した買収予算は三万円だったという。一方、中国がその時提供した買収費は、数年後にアメリカの新聞が、退職したタイピストからスクープしたが、当初一〇万円だったそうである。

日本の買収工作は、当然負けた。


もう一つの方法は、陸軍の在満特務機関による買収工作であった。

それは後に、関東軍特務機関員のイタリア人、アムレトー・ヴェスパによって明らかになった。

それによると、買収資金は、奉天市長兼務の土肥原賢二関東軍特務機関長の命令によって奉天省官銀号（張学良政権の中央銀行）の張学良個人名義の預金から引き出された。

リットン調査団との接触は上海で行われた。相手は連盟事務局派遣の文書主任及びタイピストで、買収費は先ず一五万円から始まり、次第に値を吊りあげて、最終的には三〇万円に至ったが、遂に不調に終わったという。

当時の買収工作担当者の報告によれば、日本側の買収工作は、その日のうちに中国側に漏れ、中国側は日本を上回る買収費を即座に提供したそうである。その結果、連盟事務局派遣の文書主任が得た買収費は二〇万円、タイピスト六人が一〇万円、計八〇万円だったそうである。

買収作戦が頓挫したことになると、盗み出す方法しか残されなかった。

盗み出したリットン調査の内容を関東軍に示して、調査団が指摘する日本の行き過ぎを是正させる。関東軍が調査団の指摘することに素直に応じるか否かは予測できないが、調査報告が発表されてからではまず無理、公表する前に行う。最終目的は、関東軍解体である。

事変の決着を機に、関東軍そのものを解体してしまう方法を企画することになり、松岡に一任された。

松岡の脳裏に、大胆極まりない「関東軍解体計画」が芽生えた。

—それには、事変を起こした連中の言い分を、ある程度認めてやることで満足させ、関東軍司令部のメンバーを入れ替えておいてから、こちらの条件を呑ませる。それしか方法はない。その取引に「リットン報告書」の内容は、またとない材料であった。

関東軍との取引材料は、日本不利を予想される『リットン報告書』の公表前の内容しかない。それしか連中の我を折らせる材料はない。

—そのためにどうあっても、リットン調査団からその調査内容を入手しなければならない。

—だが、どうやって手に入れる。

関東軍の役割は、満洲が日本の中国侵略と対ソ戦略の前進基地としての位置を占めたことから、在満権益の擁護と共に中国侵略と対ソ作戦の第一線部隊たることにあった。

そして陸軍中央が柳条湖事件以来満洲事変に至るまで、関東軍の独走を制止出来なかった理由に、「関東軍司令部条令」の存在があった。

日本陸軍は、初めて外地駐留軍を設置するに当たって一九一九（大正八）年、「関東軍司令部条例」を公布した。九条よりなっており、

第一条　関東軍司令官ハ陸軍大将又ハ陸軍中将ヲ以テ之ニ親補シ天皇ニ直隷シ関東州及南満洲ニ在ル陸軍諸部隊ヲ統率シ且関東州ノ防備及南満洲ニ在ル鉄道線路ノ保護ニ任ス
第二条　軍司令官ハ軍政及人事ニ関シテハ陸軍大臣、作戦及動員計画ニ関シテハ参謀総長、教育ニ関シテハ教育総監ノ区処ヲ承ク
第三条　軍司令官ハ関東州ノ防備及鉄道線路ノ保護ヲ行フ為必要ト認ムルトキハ兵力ヲ使用スルコトヲ得
二　軍司令官ハ関東長官ヨリ其ノ管轄区域内ノ安寧秩序ヲ保持スル為及南満洲鉄道附属地ニ於ケル警務上ノ必要ヨリ出兵ノ請求ヲ受クルトキハ之ニ応スルコトヲ得但シ事急ニシテ関東長官ノ請求ヲ待ツノ遑ナキトキハ兵力ヲ以テ便宜処置スルコトヲ得
三　前各項ノ場合ニ直ニオイテハ陸軍大臣及参謀総長ニ報告スヘシ
第四条　軍司令官ハ随時部下諸部隊ヲ検閲シ毎年概ネ軍隊教育期ノ終ニ於テ軍事一般ノ景況及意見ヲ奏上シ且陸軍大臣、参謀総長及教育総監ニ報告スヘシ
第五条　関東軍司令部ニ左ノ各部ヲ置ク
一　参謀部
二　副官部

三　兵器部
四　経理部
五　軍医部
六　獣医部
七　法官部
二　参謀部及副官部ヲ合シテ幕僚トス
三　兵器部、経理部、軍医部、獣医部及法官部ノ組織権限ハ別ニ定ムル所ニ依ル
第六条　参謀長ハ軍司令官ヲ輔佐シ機務ニ参画シ命令ノ普及並実施ヲ監督シ事務整理ノ責ニ任ス
第七条　幕僚ノ各将校及同相当官ハ参謀長ノ指揮ヲ承ケ各自分担ノ事務ヲ掌ル
第八条　下士ハ上官ノ命ヲ承ケ事務ニ服ス
第九条　各部長ヨリ軍司令官ニ具申スヘキ事項ハ予メ参謀長ニ開陳シ其ノ承認ヲ承クヘキモノトス
附　則
一　本令ハ大正八年四月十二日ヨリ之ヲ施行ス
二　関東都督府陸軍部条例ハ大正八年四月十二日限リ之ヲ廃止
となっている。

この条例は当時、維新の元勲として政界を圧倒していた陸軍の大御所山縣有朋《やまがたありとも》の「海軍以上の権限を獲得する」という執念の下に設定された。
ある程度幅の広い権限を持たせておく必要があったため、関東軍司令官は、天皇の直隷下に置かれた。

だが、実際には、天皇が直接に関東軍の編成や維持管理について命令したり、作戦を指揮されることはない。何故かというと、明治憲法の観念では、天皇の行為としてなすこと、なさざることは、すべて輔佐に当たる臣下が進言し、採納を奏請する。そしてその行為は、進言、奏請した人間が全責任を負うというシステムになっていた。それを輔弼《ほひつ》という。輔弼に当たる人間は、国務上は国務大臣、宮務上は宮内大臣および内大臣、統帥上は参謀総長（陸軍）であった。

つまり、天皇というのは、あらゆる国事に責任を負わない代わりに、自主的に行為する事もないのである。そのため、条例では、実際の運営を規定しておく必要があった。

「関東軍司令部条令」では、〝**指揮**〟でなく〝**区処**〟とあいまいな表現になっている。〝区処〟とは、区分けして処置するという意味で、指揮権が存在しない。すなわち、関東軍司令官は、陸軍大臣・参謀総長の指揮・統制下に置かれていないことになる。

これらは平時には、何の差し障りもない。関東軍の編成、維持・管理や、配置、訓練を陸軍省や参謀本部が区処する。だが、今度の事変のような独断による戦闘行為が起こると大問題になる。

陸相・参謀総長に指揮権がないから、関東軍の暴走、独断専行を「擅権《せんけん》（権威をほしいままにすること）の罪」として咎める権限がない。その権限を持つのは、天皇しかいない。

その天皇は、輔弼者の進言がなくては命令が下せない。この場合の輔弼者は誰かというと、天皇直隷の軍の指揮者たる関東軍司令官である。

厳然たる軍の構成法から、その抜け穴を見抜いたのは、陸軍の逸材といわれた関東軍作戦主任参謀の石原《いしわら》莞爾《かんじ》中佐である。

石原は「関東軍の分離・独立論」の根拠とし、満洲派遣参謀たちに、

「つまり、関東軍司令官が自らの罪を奏上し、処罰を進言しない限り、誰も処罰できないのだ」と説き、

「中央が文句を付けて来たら、何時でも分離独立してやる。つまり帝国陸軍と関東軍は、共に天皇直隷下、それぞれ独自の指揮系統を持つことが出来るのだ」とし、満洲事変は計画され、遂行されたのである。

これが、陸軍中央が関東軍の独走を制止出来なかった真相である。


それ故に、松岡洋右の関東軍解体計画案が生まれて来たのである。その秘密工作は、外務省主導で松岡の支援体制を敷くように企画され、関係者の間で、**「リットン報告書奪取計画」**と呼ばれた。


折から、満鉄ではリットン調査団を満洲に迎える件につき、政府と打ち合わせのため、総裁以下関係部課長が東京に出向いていた。

芳澤謙吉外相は、『リットン調査団来満送迎打合会』を外務省で開催した。

その席上、芳澤は特に発言して、次のような要旨を告げた。

「今回の国際紛争調査団の来満は、満洲事変の帰趨を決定すると共に、我が国の命運を左右する重大事である。外務省は、その課せられた重責を全うするため、来満中の調査団に対し、特殊の秘密工作を行う計画を進めている。

諸子は、国運を賭けたその工作に対し、それぞれ担当する部門において、例え不条理な要求であろうとも全面的に協力し、肉親はもちろん、軍及び別の政府機関に対しても、絶対その機密を漏らさぬよう、陛下の外務大臣として要求する」

―敵を欺くためには、先ず味方から―

と、芳澤は、全面協力と同時に、機密保持についても万全を期するよう求めた。

時同じく、西園寺公望《きんもち》元老は、内田康哉《こうさい》満鉄総裁を東京駿河台の本邸に招き、牧野伸顕《のぶあき》元老と共に面談した。

満鉄総裁内田康哉《こうさい》は、一九〇六（明治三九）年に成立した第一次西園寺内閣で、外務畑の先輩を差しおいて少壮の身で外相に抜擢され、出世の端緒を得た。以来、原敬《はらたかし》内閣、高橋是清《これきよ》内閣、加藤友三郎《ともさぶろう》内閣と、外相を歴任すること四度（没年までに五度）、押しも押されもせぬ外務畑の重鎮となり、満洲事変の直前、満鉄総裁の重任に就いていた。

内田は、外務畑においては対中国、特に満洲に関する政策について、

「日本を焦土と化すとも満洲を守るべし」と唱え、関東軍の対満政策に全面的に同調する、いわゆるタカ派であった。

その内田に対し、ハト派の総帥ともいえる西園寺の前で、牧野が要求を突き付けた。

「外務省が満洲でリットン調査団に対し秘密工作を行うそうだ。それで満鉄の各部門の全面協力を求めている。了承して貰いたいな」

「ハァ……しかし、どのような……」

「君も外相経験者なら、イエス、バット……というのが日本人の最も悪い癖だと解っているだろう。イエスならイエス、ノーならノーと言ったらどうかね」

「ですが、協力するにも、目的と内容が解りませんと……」

「それは君が知る必要はない。君に何かをしろと言っているのではないのだ。君は現地で協力を求められた

部門に対し、それを無条件で受け入れるよう指令するだけでいい」

「……」

西園寺は、沈黙した内田を見つめた。明治維新以来の波瀾の日本に、常に指導的立場に生き抜いた冷たく鋭い視線だった。

「解りました」

内田は、頭を下げた。

「うむ、よろしい。そこでだ、もう一つ要求がある。この件に関して君は勿論、満鉄全体が、関東軍に対して絶対秘密を守って欲しい。いいね」

「ハァ……」

「いい加減な返事では困る。君の政治生命に賭けて誓ってもらいたいな、どうだ」

「……誓います」

そういうより術のない内田だった。

その内田に、容赦ない西園寺の言葉が、止めを刺す様に浴びせられた。

「人間はナァ、借りたものは必ず返すようになっているのだ。それを忘れんようにナァ」

松岡洋右主導の秘密工作班の支援体制としては、外務省本隊支援体制と満鉄関係支援体制の二つが当たる様に外務畑の元老二人と現職外務大臣が秘密工作の下準備に着手したのである。

外務本省の支援体制は、情報部長の白鳥敏夫《しらとりとしお》が統率に当たった。白鳥は一九四〇（昭和一五）年、三国同盟締結当時駐伊大使を務める。彼は松岡に私淑すること厚く、腹心として自他共に許していた。

松岡は、白鳥に、この秘密を必要最小限度の人間以外に漏らさぬよう命じた。

その指令に基づいて白鳥は、支援メンバーを正規の外務省員以外の嘱託員から集めた。外交官試験は当時、高等文官試験と並んで最も難しい試験と云われたが、それとは無縁の特殊技能の持ち主たちである。

東京の本省で、その指揮を執るのは情報第二課（対中国担当）の課長、三石《みついし》真五郎《しんごろう》である。

外務省の支援メンバーの一部は、満洲の現地に派遣される。現地での指揮者は、これもリットン調査団の来満に備え、打ち合わせのため上京中だった奉天総領事代理の森島《もりしま》守人《もりと》が当ることになった。

白鳥は、三石と森島にも、必要最小限の事しか打ち明けていない。

―リットン調査団の来満に関し、外務省の秘密工作が行われる。貴下は与えられた支援メンバーを掌握し秘密工作班の指揮者の要請に応じ、その支援を為すことを任務とする―

個々の支援メンバーには秘密工作の存在すら知らされず、与えられた仕事を遂行するように求められた。

満鉄関係の支援体制については、外務省とはかなり事情が異なっていた。

統率者は、大連本社の情報部長、大林和夫である。だが、大林は秘密工作の内容についてはほとんど知らされていない。

支援に当たる直接指揮者は、情報課長の鈴木誠一で、彼は機関区、列車区、運行課、旅客課などの列車運行関係部門から、機関士、車掌、整備係、ダイヤグラム作成係、列車編成係等々、ベテランを一、二名ずつ引き抜いたほか大連・奉天・新京・四平街《スーピンチエ》（現、四平）・公主嶺《コンチュリン》等の主要各駅に精通した古参駅員や、満鉄経営の主要ホテルの事情に詳しい経験者を集め、支援チームを編成した。

その鈴木も、秘密工作の詳しい内容は知らされていない。彼が受けた業務命令は、

―外務省派遣の秘密工作班の指示に従い、所要の支援を行うべし。なお、秘密工作の存在は勿論、支援体制についても絶対極秘のこと―

という、総裁からの直接命令であった。


外務省情報部と満鉄関係の支援体制は着々と進行したが、問題は、調査団から調査報告書を盗む現地の秘密工作班を、どのようなメンバーで編成し、どのような方法で実施するかにあった。

国際調査団から、調査報告を盗む。純然たるスパイ行為である。この種のスパイ行為に関しては、その方面の特殊訓練を完全に叩き込まれた人間を集め、慎重な計画を練ったうえで実施されるのが通例である。

だが不幸にして、日本の政府機関には、そのような諜報組織はない。あるといえば、軍の特殊機関がそれに該当するだろうが、今回の秘密工作は、軍とは全く反対の立場で行われる。協力を要請するどころか逆に秘密の漏洩を怖れなければならない。

その上、奪取計画を組もうにも、準備する日数からしてなかった。リットン調査団は恐らく四月半ばには満洲に入るであろうことが予測された。


外務省の松岡支援体制班は、リットン調査団が現地視察中に如何なる報告書を作成するかを、嘱託した三浦公介らに命じて探らせることになった。三浦の推薦者は松岡自身であった。

三浦は当時松岡の居候であった。その様子がなかなかユニークなので紹介しよう。

大正の末年、上海の東亜同文書院《とうあどうぶんしょいん》（中国の民俗・言語・文化に親しみ、日中両国の親善に参画する人材を育成する目的で設立した南京同文書院が前身である。修業年限三年、政治科、商務科からなる高等の学校として教育活動を始め、大学に準ずる資格があった）を卒業した三浦（二三才時）は、満鉄の入社試験を受け抜群の成績で採用された。ところが入社期日に大連本社に出頭しない。惜しい人材だと思われたが出社しないものは仕方がない。すると、一年経ってその三浦が、採用通知を持って出社して来た。事情を尋ねると、中国奥地を旅行して来たという。「会社に入ると、自由が利きませんからね」と言うのである。

事情はさておき、一年遅れの採用通知が通用するはずがない。人事課長がそう言って断ると、彼は「やっぱりだめですか。だったらこの会社に、山口県出身の偉い方はいませんか？」と。尋ねられた課長は、ふと頭に浮かんだ松岡洋右理事を教えた。松岡は業務の打ち合わせの為東京へ出張していた。

松岡が旬日を経ずして大連に帰ると、公邸に見知らぬ若者が居候していた。不審に思って妻の竜子に訊ねると、

「エッ！　あなたの知り合いじゃないのですか？」

それが三浦公介だった。

三浦は松岡を同郷の先輩と呼んで、郷里での評判などを調子よく話していたらしい。竜子はてっきり松岡の知り合いと思い込み、書生として家に置くことを承知してしまっていた。

松岡は、初対面の三浦から、本社でのいきさつを聞いて呆れ返った。

「いったい、どういうつもりなのだ」

「天下の満鉄ですからねえ。そのくらいの融通は利くと思ったのですが……」

駄目なら仕方がない。来年もう一回、採用試験を受け直すから、それまで書生として置いてくれというのである。

その三浦の履歴を聞いて、松岡はさらに驚いた。三浦の祖父は、松岡の没落した廻船問屋「今津家」の番頭だったのである。

三浦の父親は、今津家の倒産後、上海に渡って薬屋を営み暮らしを建てたが、一人息子の三浦が東亜同文書院に入学した年に病で死亡した。幼いころに母を失った三浦は、父の残した遺産でどうやら卒業まで漕ぎつけた。「残った金は、一年間の中国奥地旅行ですっからかんです。さっぱりしました」と、三浦は笑って言った。

松岡は、時の満鉄社長早川千吉郎に頼んで、三浦を情報課に採用して貰った。一九二二(大正一一)年、三浦が二四才の時のことであった。

情報課員としての三浦は、特技の中国通で目覚ましい働きぶりを示した。特に松岡が新設した哈爾浜《ハルビン》調査室(略称哈調《ハちょう》・南満州鉄道株式会社哈爾浜事務所調査課)に移ってからは、情報課の課員として対ソ諜報活動と、その所有する東支鉄道の情報蒐集では、特技の中国通を駆使し、他に比べるもののない活躍ぶりであった。

「しばらく俺の手助けをしてもらうぞ。いいな」

というようなわけで居候を続けていたのである。

松岡は、その三浦を現地での実践リーダーに推薦した。彼が三五才の時のことである。

外務省の松岡支援体制班は、三浦らを哈爾浜《ハルビン》に送った。

国際都市哈爾浜は、中国と西洋両方の建築スタイルが融合した、荘厳で雄大な聖ソフィア大聖堂、神秘的なニコライ聖堂、奇抜なロシア木屋、優雅なゴシック式の建築、ヨーロッパ風の中央大街といった異国風に満ちた建築がいっぱいあり、まるで東ヨーロッパにいるように華やかである。

しかし、その裏面では麻薬、人身売買が横行し、売春・賭博はおろか誘拐・殺人が日常茶飯事のように行われる魔の都市でもある。そのため、土地不案内な一行は宿舎を出ないように厳命されていた。

哈爾浜《ハルビン》でのリットン調査団の宿泊先はホテル・モデルンである。

ホテル・モデルンの経営者は、ジョセフ・カスペといい、白系ロシア人で、ホテルの他に宝石店を経営し、傍ら劇場・映画館を数軒持つ哈爾浜きっての実業家であった。

彼は、そのため事変が起きるといち早く妻の母国であるフランスに帰化した。そのため、ホテルにはフランス権益を象徴する三色旗が翻っている。カスペは、日本の支配によって事業が圧迫させられるのを恐れ、日本の北満進出に公然と敵意を示し、治外法権下の旗の下に哈爾浜特務機関にも全く手を出させぬ状態を作っていたのである。

調査団の一部（イギリス及びフランス代表部の随員数名）が斉斉哈爾《チチハル》に出発した五月一四日の昼ごろ、一人のソ連人がウラジオストック方面から入満し、哈爾浜に到着し東支鉄道総局官舎に入った。調査団の移動で、日満軍警の眼がその方に集中している隙を利用した、とも思われる。

そのソ連人はロシア東支鉄道総局の警備責任者アレキセーエフ・ボグダン・イワノフであるが、肩書はあくまでも名目で、事実はソ連の陸軍大佐でＧＲＵの極東支部長であった。

ＧＲＵ（ロシア・ソヴィエト連邦社会主義共和国内務人民委員部附属国家政治局）とは、ソヴィエト連邦のレーニンおよびスターリン政権下で、反政府的な運動・思想を弾圧した秘密警察である。

イワノフは、翌一五日の朝、調査団の本隊が国河《こくか》（璦琿《アイグン》）に向け出発する準備でごった返している最中、混雑に紛れてホテル・モデルンに入り、リットン委員長と一時間に亘って密談を行った。

その後、宿舎の東支鉄道総局官舎に閉じこもり、姿を見せなかったが、哈爾浜を立ち去った様子はなかった。

それらの行動は一部始終三浦公介に報告が入っていた。

―イワノフがリットンと会ったとしたら、その理由は何なのか。

そして、彼がそのまま哈爾浜に滞在しているのは…何のためだ。

儀礼的なものかもしれない。紛争地域の満洲に、東支鉄道という権益を持つソ連としては、調査団に一応自国の立場を説明するという事は当然考えられる。

―が、何かある。

ＧＲＵのイワノフが現れたのは、隠密裡に調査団と接触しなければならぬ何か秘密の使命が隠されているのではなかろうか。

五月一六日に、調査団本隊は米国代表マッコイ陸軍中将を除いて国河へと向かった。

アメリカはオブザーバーだから、危険な所へは行かない。オブザーバーのアメリカは、非加盟国だから調査報告の作成には加わらない。そのためか行動は控えめで、常に目立たないように振る舞っている。

調査団が二手に分かれ、国河、斉斉哈爾に移動する際にも、ホテルの奥に閉じこもって、見送りにも出なかった。

そのためアメリカ代表団の存在は、日本側監視網の盲点に入っていた。

アメリカ代表は哈爾浜に留まっているのである。

—そうか！　もしかすると、イワノフが接触しているのは、アメリカ代表団ではないか。

—いや、そんなことは在り得ない。一方は、共産革命政権、もう片方は資本主義の代表国家である。イデオロギーの違いを考えれば協調できる相手ではない。

—だがもしものことがある。

五月二二日、斉斉哈爾と国河とに分かれて調査に行った調査団の一行はホテル・モデルンで一旦合流し、哈爾浜駅から新京（長春）へ向かうことになっていた。

イワノフは、その出発準備で混雑するホテルに入り、滞在している米国代表マッコイ委員と三時間に亘って密談をしたのである。

当時、ソ連はヴェルサイユ体制の中から創設された国際連盟を批判し、これには加盟していなかった。しかも米国はこの時点では、ソ連と国交を回復しておらず、ソ連を承認するのは一九三三年である。それにも関わらず、ソ連からの使者が国際連盟や米国の代表者と密談を行なったのである。

思想は、形而上《けいじじょう》のものである。

政治は、利害得失で動く。まさかと思う離合集散が行われるのが政治の世界だ。

調査団の一行が哈爾浜駅から新京（長春）へ向かう時に、イワノフは一人でホテルから出て哈爾浜から牡丹江を経てウラジオストクに向かう寝台列車の最後尾に乗車した。

不審に思った三浦公介らは、イワノフがしっかりと持っている鞄が、自らの手に鎖で繋げてあるのを見て重要資料と睨み、列車の進行中にイワノフ大佐を襲って鞄を強奪した。

果たして、その中には分厚い書類が入っていた。一つはリットン委員長が国際連盟に正式に提出する報告書で、これには満洲建国が日本の官憲によって行われた為に、満洲国の現政権を認める訳にはいかないことを述べるとともに、解決の条件として、日本の満洲における利益の承認、日支両国間で新条約を成立させること、満洲の自治など、一〇項目が記されてあった。

同じ鞄の中には、このほかに**ＡＲＡ文書**があったのである。それは日本がリットン報告書を受け入れた場合の英米ソの「**秘密協約書**（**the Anglo-Russo-American secret agreement**）」であった。

それには、

『グレート・ブリテン連合王国並びにアメリカ合衆国は、一九三七年国際連盟に於いて結成された日華紛争調査委員会現地調査団の現地調査に当たり、左の条項につき同意した。
一、調査は、先に両国政府代表が協議の上決定した解決方式に則って行う。
一、紛争の解決方式は、調査団参加各国及び当該地域に多大の利害関係を有するアメリカ合衆国及びソヴィエト社会主義共和国連邦の共同管理の下に、紛争地域に自治政権を設立することを最終目的とする。

一、特殊自治政権に対する総括的な管理と指導は、共同管理に参加する各国による**国際共同管理委員会**が行う。
一、国際共同管理委員会に、紛争当事国である日本及び中華民国の参加を妨げない。
一、当該地域における中華民国の宗主権（領土権）は認める。但しその支配権は国際共同管理委員会に委譲する。
一、当該地域における日本の、条約を持って得たる権益（関東州の租借及び南満洲鉄道の保有及び鉄道附属地の支配）は認める。但しその駐兵権は国際共同管理委員会の決定による制限を受ける。
一、日本は、当該地域における権益を、国際共同管理委員会または国際共同管理委員会に参加の一国に譲渡することが出来る。但しその場合は国際共同委員会における全ての地位及び権利を失う。
一、国際共同管理委員会の管理・指導下におかれる当該地域の一般行政は、共同管理に参加せる各国が、それぞれに定むるところの地域を分担、管理に当たる。
各国が分担する地域は、概ね次の通りとする。
　奉天省　　アメリカ合衆国
　吉林省　　グレート・ブリテン連合王国
　黒龍江省　ソヴィエト社会主義共和国連邦
　熱河省　　フランス共和国・ドイツ共和国・イタリア王国
一、一般行政の管理方式は、中華民国における租界の管理方式に準拠する。
一、以上の管理方式は、国際連盟日華紛争調査委員会現地調査団の調査報告書に、極めて抽象的な表現にて解決勧告案として記述し、その調査報告書並びに解決勧告案が、国際連盟総会の採択決議を得たる後、国際共同管理委員会の成立を待って具体的な内容を公表する。
一、グレート・ブリテン連合王国及びアメリカ合衆国は、国際連盟総会において、前記調査報告書及び解決勧告案が採択されるために、国際連盟加盟各国に対し、あらゆる影響力を行使し、努力を惜しまざることを約する。
一、この協約の内容及び存在は一切公表せず、その秘密を厳守する。　以上』
となっていた。

また、協約書には、別項があった。
『アメリカ合衆国並びにソヴィエト社会主義共和国連邦は、前記協約に則り、左の条項を約する。
一、国際共同管理委員会の管理下に、ソヴィエト社会主義共和国連邦が分担する黒龍江省の一般行政管理は、アメリカ合衆国のソヴィエト社会主義共和国連邦に対する国家承認後一年以内に、無条件でアメリカ合衆国に委譲するものとする。
一、ソヴィエト社会主義共和国連邦は、当該紛争地域に保有する鉄道（東支鉄道）の敷設権及び運営に関する一切の権益を、アメリカ合衆国が指定する鉄道会社に、双方合意を得たる価格を以って売却委譲する。右の代価はアメリカ合衆国の指定する銀行に積み立てられ、ソヴィエト社会主義共和国連邦の貿易為替資金とする。
一、前記二項の代償として、アメリカ合衆国は可及的速やかに、ソヴィエト社会主義共和国連邦を正式国家として承認すると共に、両国合意の上、借款を供与し信用状取引に関する一切の便宜を図らうと共に、関税の最恵国待遇を約する』

となっていたのだ。

この草案を読んだ三浦は驚嘆し、これらの文言の一部始終をほぼ正確に記憶した。死線に身を置いて脳裡に刻み込んだそれは、細部に至るまで薄らぐことはなかった。

また、報告書の内容を書き写し、外務省に報告すべく同乗列車から哈爾浜にとって返し、新京を経て奉天に到着したが、奉天駅に降りたところで挙動不審者と見られ、関東軍憲兵隊に逮捕されてしまった。

そして三浦が肌身離さず持っていたリットン報告書の最も重要な書類であるＡＲＡ密約の写しを、関東軍に取り上げられてしまったのである。

この文書を見た関東軍高級参謀板垣征四郎大佐や関東軍作戦参謀石原莞爾中佐たちも驚嘆したが、この文書を決定的な瞬間に出そうと考え、この事実を秘匿し、三浦を監禁した。

関東軍にしてみれば、折角満洲事変を起こして軍部の権益を確保したのに、国際共同管理委員会の手に委ねられてしまっては、関東軍の出る幕はなく、外務省だけに表舞台で活躍されてしまうと考えた。

それならば、政府がリットン報告書を受諾しようとする直前に、これを政府に突き付ければ、政府としては連盟を脱退せざるを得なくなると計算した。そうなれば、満洲の支配、管理は関東軍の思うまま、という計算をしたのである。

第六章　満洲事変の暗躍者たち

満洲事変とその後の経緯をどのように捉えるか。

満洲事変を、自国の国家戦略として、いかように利用するか。

それらは、それぞれのお国とその時の事情によって異なってくる。また、暗躍者たちの立場からしても社会的、政治的、経済的等と自ずと異なってくる。

日本の知らないところで、国際連盟で指名されたリットン調査団のメンバーである英・独・仏・伊・米などの国と、国際連盟に参加してなかった米・ソなどの国が、調査期間中に満洲を分割して取得しようと密会・密談し、満洲侵略計画を着々と進行させ醸成させて行った。

この国家戦略を成就するためには、国際連盟そのものも、リットン調査団も利用されただけであったという懸念が払拭できないのではなかろうか。

アメリカ合衆国と満洲事変

一九二九年一一月に始まった世界経済恐慌は、資源や市場を国内外に多く保持していた米英仏など「持てる国」と、日独伊など「持たざる国」の位置を浮き彫りにさせた。

特に日本の場合には、南方へ進出しようとする道を一九二一（大正一〇）年のワシントン海軍軍縮条約で米国に阻止されたために、大陸、とりわけ日本が日清、日露の両戦役で、多くの犠牲を払って獲得した満洲地方に、その活路を見出そうとしていた。

武力を直接的に投入して満洲の利権を確保しておきたい関東軍首脳と、国際社会から孤立することを恐れ、できるだけ外交交渉によって権益確保を狙おうとする政府首脳の考えは一致しなかった。但し、満洲の権益をなんとか確保して日本の活路としたいとする気持ちは、国民も含めて一致していた事は事実である。

一九二〇年代から一九三〇年始めにかけて、中国の蒋介石政権は、各地に散る軍閥を征圧しつつ、統治の及ばなかった満洲地方にも迫ろうとしていた。これに危機感を抱いた現地関東軍首脳は、政府の外交交渉を待っていたのでは、間に合わないとして単独で一九三一（昭和六）年九月一八日に、満鉄を爆破（柳条湖事件）し、これを張学良率いる軍閥の責任として、関東軍を投入した。いわゆる満洲事変の勃発である。わずか五ヵ月間で満洲全域を占領し、翌年一九三二（昭和七）年三月一日には、満洲国を建国した。

一九三一（昭和六）年九月二一日、中国政府・蒋介石政権は国際平和機構である国際連盟に対し、日本の武力侵略を緊急提訴した。関東軍が戦闘行為に入ったのが実質九月一九日だから、わずか二日間しか経っていないし、日中両国間にはまだ外交交渉が行われていなかった。

事変勃発と同時に関東軍の採った作戦行動も早かったが、中国政府の対応も異常な早さだったと云える。その点から見ると、中国側も事変勃発をある程度予測していたのではないかと思われる節がある。

その翌日、アメリカ合衆国政府は「満洲において発生せる非常事態に対し、アメリカは重大なる関心を有することを表明するとともに、速やかに平和解決に至ることを望むものである」と、国務長官スティムソンの名義で日本に通告電報を発した。

事変の真相がまだ明らかでないうちに、連盟非加盟国であるアメリカが、一方的に当事国の日本へ発したこの通告は、外交的にみて奇異な行動として世界の注目を集めた。他の列強諸国はずっと沈黙を守っていたにも関わらず、米国だけが直ちに反応して来たのである。

何故、米国が中国に関心を抱いたかといえば、既に米国は一八八〇年の時点で世界一の経済大国になっていたが、過剰生産品を売り捌く海外市場がなかった。輸出を促進する方法の最も有望な市場が四億の民を有する中国であった。

しかしその中国さえも、欧州列強諸国の浸潤が始まっていたため、米国は一八九九年に「中国に関する門戸開放政策」を宣言し、列強諸国に中国市場を解放するよう強く主張していた。

ところが、日清、日露の戦争によって満洲に特殊権益を確保した日本の登場により、米国は日本が中国市場を独占してしまうのではと恐れたのである。

更に第一次世界大戦の最中に、日本が対華二一ヵ条要求を突き付けたことによって、日本の巨大化を防ぐ方策が取られたのである。この対日警戒感は、革命によってロシアに資本主義の敵である共産主義体制が出現した事よりも、大きな脅威として捉えられていた。

その上、清朝が倒れた中国大陸では各地で軍閥による内戦状態となり、統一政府が存在しないので日本の進出が容易とみて警戒し、米国は孫文とそれに続く蒋介石政権の中国国民党を支持することで、日本の進出を抑えようとしていた。

だが欧州列強と連繫して日本を抑えようとした目論見は、第一次大戦で疲弊した欧州諸国が国内再建と、自国保有植民地の独立運動を抑える事で手いっぱいであり、遠く極東の地での市場争いにまで手を伸ばすのは難しい状態にあった。

それでも米国は**スティムソン・ドクトリン**を一九三二（昭和七）年一月七日に、米国務省から日中両国に向かって通告したのである。

「スティムソン・ドクトリン」とは、

・支那の領土保全、門戸開放に違反し、アメリカ国民の権利を侵害するものは一切認めない。

・日支（日本と支那）が締結する条約・協定で、前記権利を侵害するものは一切認めない。

・不戦条約に違反するいかなる行動をも認めない。

・侵略の結果を承認しない。

すなわち、中国の主権を謳うもので、日本の中国侵略を非難するものであった。

それまで米国が対中南米諸国に帝国主義政策を取ってきたことに対応し、欧州列強諸国からは冷笑を以って答えられ、そのうえ無視されたアメリカは、国際連盟に働きかける戦術に転じた。

提訴を受けた国際連盟では、先ず一九三一年一〇月一五日の理事会（秘密会）で、日本の反対を押し切って非加盟の米国をオブザーバーとして招請することを決定した。一二月一八日、総会において日華紛争調査委員会を設置し、現地への国際調査団（リットン調査団）の派遣を決議した。

本来、連盟のメンバーでないアメリカが調査団メンバーに選ばれたのは、中国におけるアメリカの商業活動とキリスト教布教活動が盛んに行われていたことに加え、米国が大戦後の経済苦境に陥っていた欧州列強諸国の大債権国家となっていたために、アメリカの要求を受け入れざるを得なかったという事情があった。

但し、アメリカは連盟に加盟していないためオブザーバーとして参加し、調査報告書の作成には加わらないという条件であった。

このように満洲を巡る日本と米国の対立は満洲問題から始まったとみてよい。

そこでまず問題としなければならないのが、満洲をどうみるかという問題である。そのためには、満洲という地域をどう見るかがポイントとなる。

日本の満洲権益は、日露戦争の結果ロシアとの間で締結されたポーツマス講和条約に由来する。同条約によってロシアから譲られた満洲権益は、旅順・大連及び付近の領土（関東州）の租借権及び長春―旅順間の鉄道（南満洲鉄道）とそれに付属する炭坑の採掘権などであった。

このロシアとの条約は、後に日本と清国との条約によって中国側からも追認されている。

しかしながら、この時ロシアから引き継いだ権益の内容は、ロシアが清国との間で結んでいた条約の期限が一九二三（大正一二）年までであったことから、ロシアの権益を引き継いだ我が国としても、その時には中国に返還しなければならないということになっていた。

そこで一九一五（大正四）年、日本はいわゆる対華二一ヵ条を中国側に提示した。この条約については、元々の趣旨は、ポーツマス条約の不備を補って、満洲権益を安定確保することにあった。

この条約締結によって、日本側は、租借期限をさらに九九年延長すること、南満洲鉄道（満鉄）併行線の敷設を禁止すること、満洲における外国人顧問任免は日本政府との事前協議が必要なこと、日本人の商租権を容認すること等が中国側から認められたのである。

こうした中国側との交渉と共に、我が国は、英国との間で日英同盟の強化による満洲権益の保護、ロシアとの間で日露協約締結、米国との間の石井・ランシング協定（一九一七年、日本の特派大使石井菊次郎と米国の国務長官Ｒ・ランシングとの間で調印された協定。日本の中国における特殊権益の承認と、中国の領土保全・門戸開放・機会均等などを決めた）と、列国との間で満洲権益の国際的正当性を確認することに成功したのである。

このように、日本の満洲権益は、国際法上に確固とした根拠を有する権益であり、かつまた我が国にとって国防上の「生命線」として重要視されたものであった。


ところがこの日本の満洲権益は、米国が常に介入を狙い、そのために長い期間にわたって、繰り返し日本の勢力転覆を狙って介入を試みてきた地域でもあった。

ここに日米対決の根因があったのである。


なぜ米国は満洲介入を狙ったのであろうか。ここで詳しく触れてみよう。

米国は、一八世紀後半に北アメリカの一三植民地が結束してイギリス帝国の植民地政策に抵抗し、共和制国家として独立した。

一九世紀後半の米国は、当初はアメリカの西部開拓を神の意思による当然の運命という考え方（マニフェスト・デスティニー）で正当化したスローガンのもとに地続きの領土拡張を行って、テキサス、カリフォルニアなど西部諸州を次々と版図に加え、いわゆるフロンティア地帯を太平洋沿岸に到着させた。

その米国が内戦である南北戦争を経て、フロンティアの消滅を宣言したのは一八九〇年のことである。かくして国内の開発を一応終えた米国は、次に太平洋に向かって展開された。米国の発展のためには、他の列強にならって後進国を支配しなければならないというのが、当時の米国政策の基本になったのである。

一八四六年からの米墨戦争（アメリカ=メキシコ戦争）などで現在の合衆国本土域が確定した後に、

一八九八年の米西戦争（キューバとフィリピンを舞台にアメリカとスペインの間で戦われた戦争）とそのパリ条約により、西インド諸島と太平洋におけるほとんどの植民地をスペイン帝国から割譲され、アメリカ合衆国による植民地獲得競争への参入が本格化し世界帝国への道を決定的なものにした。

こうして太平洋を西進してきた米国がフィリピンの次に目標としたのは中国大陸であった。その中国は、潜在的市場としての将来性の大きさが注目されていたのである。

ところが、米国が中国に目を向けた時、その中国もすでに英国を始めとしてヨーロッパの列強諸国が強固な足場を築いていたのである。

当時の米国は、こうした列強の中に伍して中国に進出するだけの力は未だ持ち得ていなかった。このため中国における門戸開放、機会均等の原則を一八九九年に宣言したものの、これは中国進出に立ち遅れた米国の願望の表明にしかすぎず、実際上、米国は中国問題に対しては何の発言権も有してはいなかった。

そこで、遅れて来た米国としては、「割り込み」を策するほかなかった。すなわち、まだ分割されざる地域を米国のものとするということである。こうして中国介入の具体的目標として選ばれたのが、「満洲」であった。

その理由としては、満洲が中国において分割されざる唯一の地域であったこと、満洲の気候・風土が米国中西部と類似しているため、米国の進出先として好都合と判断されたことなどが指摘されている。

こうした米国の立場からすると、米国の満洲進出を妨げ、満洲を独立させようとする恐れのある国は、抑圧せざるを得ない。

日露戦争における米国の立場の決定は、米国自身の国益を冷厳に計算した結果なのである。すなわち、米国にとってまず阻止すべきは、世界の列強ロシアが満洲を独占することだった。

ロシアが日本に勝った場合、満洲が完全にロシア領になり、米国の介入の余地がなくなることは明らかであったからである。

米国の立場からすれば、ポーツマス講和会議において仲介の労をとったことは、米国自身の満洲介入のためのワンステップだったのである。

それゆえ従来から満洲に対して強い関心を持っていた米国の鉄道王ハリマンが、日露戦争直後、早速日本に南満洲鉄道を合弁事業とするよう申し入れている。

このハリマンは、またさらに日本政府が日露戦争での軍費のために行った外国借款の返済に苦慮するであろうことを見越して、その買収を申し込んだりした。

もちろん満洲を再び列強角逐《かくちく》の地にしたのでは、多大の犠牲を払って日露戦争を戦ったことが無意味となるため、日本政府は最終的にこれを拒否し、米国の介入意図は失敗に終わったのである。

一九〇九（明治四二）年には、ノックス国務長官が、満洲における日露協調体制を壊すために、満洲諸鉄道の中立化を提案している。

鉄道王・ハリマンは一企業家にすぎなかったが、ノックスは国務長官として満洲に介入してきたのである。

提案は「満洲の全鉄道を国際シンジゲートで買収して所有権を清国に移し、借款継続中は国際シンジケートで運営する」「これが不可能ならば、列国共同で錦愛鉄道（錦州と璦琿《アイグン》を結ぶ路線）を建設し、満洲の中立化を実現する」というものだった。

この提案の狙いは、日露両国によって独占されていた満洲における鉄道権益を喪失させ、米国も含めた国際管理に移行させようとしたものである。

またそれが無理な場合には、清朝発祥の地である満洲で日本が勢力を伸ばすことを好まない清国を焚き付けて日本側に対抗しての米資本による満鉄併行線の建設を計画したのである。

しかし、満洲に最も切実な利害を持つ日本とロシアは結束して反対した。また、イギリス・フランスも日本とロシアの立場を優先すべきとして同意しなかったため、この提案は葬り去られた。

更に一九一八年一〇月には、米国は、米国資本の大規模な中国進出の条件づくりを目ざして、中国政府に対する借款事業の独占を主目的とする新たな国際組織（銀行団の結集）を提唱したが、これもやはり失敗している。

米国による我が国の満洲権益の攻勢は、こうした直接介入以外にも、日本の満洲権益を認め守る条約の否定、否認という形でも現われた。

例えば、ブライアン国務長官は、対華二一ヵ条条約に対して不承認を宣言している。そしてその一方では、日本権益を弱体化するための逆攻勢をかけてきたのである。

その最初の結実が、一九二一年のワシントン会議の招集（アメリカ大統領ウォレン・ハーディングの提唱により、アメリカ・イギリス・日本・フランス・イタリア・ポルトガル・ベルギー・オランダ・中国が参加）であった。

このワシントン会議の狙いは、明らかに日露戦争及び第一次大戦によって日本が築き上げた成果を米中連携のもとに否定してしまうことにあったといってよい。

それは会議における決定事項に、海軍の主力艦を制限する五ヵ国条約、中国に関する九ヵ国条約、太平洋問題に関する四ヵ国条約が成立し、日英同盟は廃棄するというものがあったからである。これらは米国と中国政府とがいわば反日同盟を結び、それが外交的勝利をおさめたということを意味する。

米国の狙いは、「日本の中国における影響力のすべてを、一度に排除することは不可能なことであり、一枝ずつ徐々に折り捨てていかなければならない」（後の米国務省顧問・ホーンベックの弁）ということにあった。

ワシントン会議は日米の「政治的決闘」の場であり、その勝利者となったのは米国であった。

昭和に入ると、米国は、満洲の地方政権である張学良政権が親日から反日に転じて満鉄併行線建設に乗り出したのに乗じて、再び直接介入を開始した。

張作霖が日本軍の一部によって爆殺された後を継いだその子、張学良は、米国資本の導入によって満鉄併行線を渤海湾まで引き、ついに渤海湾に面した葫蘆島《ころとう》の築湾工事を米系資本で行ったのである。葫蘆島は、港湾都市として発達し、北京と瀋陽の中間にある交通の要衝で、とりわけ遼西回廊《リヤオシーかいろう》と呼ばれる中国東北部と華北を結ぶ戦略的に重要な地域の拠点都市でもあった。

これは米国が満洲進出に成功したことを如実に示しているものであった。この満鉄併行線建設と築港とは、それまで満鉄～大連港という交通ルートでしか貿易できなかったのが、米系ルートで可能になるということを意味していたからである。

日本にとっては将に死活問題となった。

しかもそれだけではなく、米国は、道路建設、航空、電力とその勢力範囲を広げて行った。こうした米国の行動が、やがて満洲事変を引き起こすこととなったのである。いわゆる日中戦争の発端についての認識は、この事実を抜きにすることは出来ない。

他方、一九二九年七月の中ソ紛争は、中東鉄道を巡りソヴィエト連邦と中華民国の間で起こった軍事衝突である。**奉ソ戦争**、**中東路事件**とも呼ばれる。これは、北伐を終えて統一された中華民国にとって外国との初めての交戦であった。

中東鉄道は、ロシア帝国が満洲北部に建設した鉄道路線である。満州里から哈爾浜を経て綏芬河へと続く本線と、哈爾浜から大連を経て旅順へと続く支線からなる。時代に合わせて東清鉄道、東支鉄道、北満鉄路あるいは北満鉄道と呼ばれていた。ロシア帝国が清国から獲得した中東鉄道の利権は、一九二四年にソヴィエト連邦によって承継されていた。

紛争の発端は、南京政府と合流した張学良が南京政府の第一の外交方針である失権失地回復の矛先を、まず北満のソ連権益に向けたことによる。すなわち、中ソの共同管理下に置かれていた中東鉄道の利権を、中華民国が実力で回収しようとしたことにある。自衛を理由にソ連軍が満洲国境地帯に侵攻し、国民党軍は大敗した。

アメリカのスティムソン国務長官は、早くからこの中東鉄道の利権に関心を寄せており、一九二九年七月二五日には中東鉄道を米・英・仏・伊・日・独による合同委員会の管理下に移させる提案を行っていた。英・仏はこの提案に同調していた（ボリス・スラヴィンスキー著・加藤幸廣訳：『中国革命とソ連―抗日戦までの舞台裏「一九一七―三七年」』共同通信社　二〇〇二年）。

軍事的敗北と国内情勢の悪化から、中華民国は停戦を模索し始めた。当時の駐独大使だった蒋作賓《しょうさくひん》の要請に応えてドイツ政府が調停作業を進め、ベルリンにおいて交渉が行われたが、ソ連は全く譲歩の意志を見せず、斡旋工作は失敗した。

一一月二六日、国民政府は、各国の調査団が現地を訪問して侵略の実態を調査して欲しいと訴えた。アメリカのスティムソン国務長官は、これに応えて英仏を勧誘し、一二月一日に米・英・仏の三カ国共同声明を発表した。声明の内容は、ソ連の行為を不戦条約違反であると非難するとともに、調停に立つ用意があるとして停戦を要請するものであった。

しかし、一二月三日、ソ連は、自衛戦争であって不戦条約違反ではなく共同声明は不当な干渉だと回答し、第三者の介入を拒否して直接交渉に応ずるとした。一二月一六日からハバロフスクにおいて、中華民国側代表の蔡運升《さいうんしょう》とソ連外務人民委員会代表Ａ・シマノフスキーによる中ソの直接交渉が行われ、二二日にいわゆる**ハバロフスク議定書**が調印された。

その内容は、

一、ソ連理事、管理局長、副管理局長の復職
二、衝突期間内の逮捕者の相互釈放
三、ソ連人職員の免職処分の取消し、停職期間中の給与の支払
四、中国官憲の手による白系ロシア人の武装解除と責任者の東三省からの追放
五、中ソ双方の領事館と商業機構の再開

というものであった。

ハバロフスク議定書調印を受けて、一二月二五日にはソ連軍は撤収を完了した。翌一九三〇年一月一〇日以降、中東鉄道の運航も次第に回復した。

ところが、国民政府は、ハバロフスク議定書はソ連側の主張を一方的に認めたものとして批准せず、交渉の再開を求めた。新たに中東鉄道理事長の莫徳恵《ばくとくけい》が全権としてモスクワに派遣されたが、ソ連はハバロフスク議定書の有効性を主張し、一九三〇年一〇月から二五回に及んだ会談においても何の成果も得られなかった。この国民政府の行動の背後には、中ソの接近を警戒する列強（米国）の指示があったと見られる。中ソ間の中東鉄道交渉は、満洲事変の勃発により、一九三一年一〇月末をもって事実上の中止となった。

この様に、スティムソンには、奉ソ戦争の時の調停介入が不成功に終わったという苦い経験があった。そのため、どうしても今度こそは、調停失敗の失態を回復させ、アメリカの市場経済を立ち直らせる策が絶対必要であった。

国家経済の発展を懸けて列強国を扇動して謀略を展開するのである。もちろんその先頭に立ったのは時の国務長官スティムソンであった。

今度は満洲事変を利用する方法が取られた。それが、国際連盟によるリットン調査団派遣の背後に動いた陰謀である。

先ずは、調査団の一員に参加しなければならず、その為には同じように英・仏に働きかけて、国際連盟へのオブザーバー参加を認めさせなければならない。その見返りとして中東路事件の後処理に示したように満洲の分割統治案をほのめかし列強を動かさなければならない。また、中国へ進出を図るソ連の牽制も併せ行うためには、話し合いの席を同じくしておくことにも配慮しなければならない。

調査団の人選には、表面上は法律家を起用し、実質的には軍人を起用し当たらせていたことが判る。陸軍畑に実績を持つスティムソンが、陸軍少将フランク・マッコイを調査団参加代表に選び、英国のリットン代表やソ連の軍人・イワノフ大佐と密約交渉に当らせたのは、機密保持その他の点で、信頼できるのは軍人だけと思ったためであろう。

また、調査団報告書を審議する時に自国に有利に作用させるためには、国際連盟の主導権を握る必要がある。そのためには一票を駆使し得る小国（連盟総会において対日批判の急先鋒であったのは、中華民国・スイス・チェコ・蘭領東インドを有するオランダ）を動かす必要があった。

ここでアメリカについての理解を深めるために、エピソードをひとつ紹介しよう。

アメリカを実質的に支配するものは「合法的マフィア」である。

一九四一年七月、ルーズヴェルトの大統領選挙管理責任者のユダヤ人、バーナード・バルークは、「在米日本資産凍結」を同じロスチャイルドの血族ヘンリー・モーゲンソー財務長官を使って説得させた。ルーズヴェルトの口を塞ぎ、この凍結をあっという間にやってしまったのがスティムソンと彼の配下のディーン・アチソン国務次官補であった。

ユダヤ人の経営するあのニューヨーク・タイムズでさえ、「戦争に次ぐ強行措置」と書いたほどの出来事であった。次いで石油と屑鉄の対日禁輸となって行くのである。

ルーズヴェルト大統領は、日本と妥協しようと試み、日本の真珠湾攻撃の半月前の一九四一年一一月下旬、日本側の最終提案を一部修正の上で受け入れようとした。陸軍参謀総長のマーシャルも海軍作戦部長のストークも、戦争の準備ができていないとしてルーズヴェルトの政策に賛成した。

スティムソンはこのことを知ると、マーシャルとストークを威嚇した。

「ノーだ！　なんと言ってもノーだ」

そして、ユダヤ王ロスチャイルドの血族にしてロシアのスパイでもあったホワイト・ハリー・デクスター（ヘンリー・モーゲンソー財務長官のもとで財務次官補を務めた）が最後通牒を作成し、次期国務長官のコーデル・ハル（ハル・ノートで有名）に一方的に押しつけた。

「ジャップに真珠湾をやらせろ！」

《付記》　鉄道王・エドワード・ヘンリー・ハリマン

鉄道王と云われたハリマンは、ＡＲＡ密約（第五章参照）に関係している可能性があると云われているし、その背後にはフリーメイソン系のイルミナティという結社がおり、謀略を企てたと云われている。

一九世紀中葉、南北戦争で手いっぱいであったアメリカは、二〇世紀初めから帝国主義の波に乗って、ようやく海外進出を本格化させた。そして東アジアにおける最大の進出目標を満洲に定めた。

但しそれは軍事力によってではなく、資本力によってであった。鉄道は商業の様な根無し草ではなく、土地と一体のものであり、鉄道の敷設は領土獲得のための有力手段だ、との見解がこの国には強かったのである。

アメリカの鉄道王・**ハリマン**は、単なる鉄道王ではなく、東アジアに興味を持つことにおいては、国務省とその思慮を同じくするアメリカ式の企業家である。

「個人的資本家」を装い、実は「アメリカ代表」であるハリマンは、日露戦争の際、日本が公債をアメリカに求めた時、ニューヨークの金融界の覇王ヤコブ・シッフと共に対日借款実現に尽力し、自身もまた数百万ドルを引き受けた男であった。

ハリマンは一九〇五（明治三八）年八月、ポーツマス講和会議が始まったばかりの時期に、時の駐日米公使グリスカムの招請により来日した。

ハリマン来日の目的は、「まず、南満洲鉄道を獲得し、次いで東清鉄道を買収してシベリア鉄道の通過権と支配権とを得て、バルチック海に達し、そこから汽船で大西洋を横断して、自己勢力下のアメリカの鉄道に達する。こうなれば大西洋、太平洋の両洋は連絡汽船とし、自分の支配下の鉄道だけで世界一周が出来る。もう一つ、南満洲鉄道から、錦愛鉄道（錦州—璦琿《アイグン》）をその掌中に収め、これを延長してベーリング海峡に出て、アラスカを経てアメリカ線と連絡する鉄道を計画してみたい。そして自分は名実ともに世界の鉄道王になりたい」という触れこみであった。

しかし、この時機において日本に来たらしめたものが、時の駐日米公使グリスカムであったことは、最も注目されるところである。

すなわち、ハリマンの宿望である「世界一周交通路」で、一番問題となるのは南満洲鉄道であり、その鉄道はいまやロシアの手から、まさに日本の手に帰せんとしている。しかも当時の日本の廟議は、著しく退嬰《たいえい》消極的であった。

それを窺知したグリスカムが、急電を発してハリマンを呼んだものであるから、ハリマンの訪日には、最初から十分の計画と成算とがあったものというべきであろう。

アメリカの意図の遵奉者にすぎないハリマンは、太平洋、日本、シベリア、欧州、大西洋を連絡する世界一周の交通機関を統一し、欧亜の商権をアメリカの一手に握ろうと画策していた。そしてその順序として、南満洲鉄道、次に東清鉄道を買収するという方策を建てたのである。

ハリマンの正体こそ、実にロシアの退却を契機として、中国の鉄道利権争奪戦に立ち遅れていたアメリカが、まさに東アジアに大攻勢を展開せんとする「前衛」であり、彼はルーズヴェルト大統領の「密使」ともいうべき存在であったのである。

その背景には、ルーズヴェルト大統領が世界恐慌を克服するために行った一連の経済政策である**ニューディール政策**があった。ニューディール政策は新規まき直し政策とも呼ばれる。

それまでアメリカの歴代政権が取ってきた、市場への政府の介入も経済政策も限定的にとどめる自由主義的経済政策から、政府が市場経済に積極的に関与する政策へと転換したものである。これは、第二次世界大戦後の資本主義国の経済政策にも大きな影響を与えた。

我が国は、財政上の困難に伴う（第一次世界大戦）戦後経営の消極主義から、南満洲鉄道の復旧に莫大の資金を要することへの懸念、更に、ロシアの復讐に対する極度の恐怖の渦中にあった。

すなわち、南満洲鉄道を日米の共同管理にしておけば、それは日露の緩衝地帯になるばかりでなく、万一ロシアが数年後に立ち直ったとしても、日本とアメリカを相手に戦争は出来ないから安心だ。かつ、こうすることにより、アメリカの好意を買い、戦後経営の資本を、アメリカから借りようとするものであった。

一九〇五（明治三八）年一〇月一二日、ついに「満洲鉄道日米共同管理に関する予備覚書」なるものが、総理大臣桂太郎とハリマンとの間で交換された。

その覚書の内容は次の如きものであった。

一、日本政府の獲得せる満洲鉄道並びに付属財産の買収、鉄道の復旧、整備、改築及び延長並びに大連において鉄道終点の完成及び改良のため、資金を整うる目的をもって一つのシンジケートを組織すること。

一、両当事者はその取得したる財産に対し、共同かつ均等の所有権を有すべきものとする。特別の協議に依り、シンジケートは鉄道に開連せる炭坑採掘の特許を獲ること。その利益並びに代表権は、共同かつ均等たるべきこと。

一、満洲における各般企業の開発に関しては、双方互いに、他の一方と均等の利益を有する権利あるべきことを原則とする。

満洲の鉄道はその付属財産並びに鉄道軌、枕木、橋梁その他一切の線上設備、停車場、建築物、プラットホーム、倉庫、船渠、埠頭等と共に、両当事者の共同代表の決定すべき実価をもって引き取られるべきこと。

一、シンジケートの組織は、その時機に際し有すべき須要と情勢とに適応すべき基礎にて定むべし。日本における情勢に適応するは得策なりと認められるに付、日本の監督のもとに組織することとすべし。但し事業の容する限り、随時これに変更を加え、結局代表権並びに監督権を均等ならしむることを期すること。

一、シンジケートは、日本の法律に由り、事業を行なうことにハリマン氏同意したるに付、残すところは氏の組合員の同意なるか、氏は右の同意を得らるべきを信ずること。

一、日本と清国間、もしくは日本と露国間開戦の場合は、満洲鉄道は軍隊及び軍需品輸送に関し、常に日本政府の命令に従うべきこと。日本政府はこれに対し鉄道に報償すべく、かつ他の攻撃に対し常に鉄道を防護するの責に任ずること。

一、両当事者間の仲介者としては、日本外務顧問デニソンに委嘱すること。

一、自今、日本興業銀行総裁添田寿一を以て両事業者間の通信の仲介者となすこと。

一、両当事者以外のものを加入せしむることは、双方の協議と相互の同意を経るを要すること。

この覚書を手にハリマンは、一〇月一四日サイベリア丸で横浜を出帆したのであった。

二日後、小村壽太郎全権がポーツマス講和条約締結を終えアメリカから帰国した。

外務省から珍田捨巳次官、帰朝中の林権助駐韓公使、山座円次郎政務局長の三人が出迎えた。挨拶がすむと山座は、「ハリマン協定」の経緯を詳細に報告したのである。

平生、ものに動ぜぬ剛気の小村も、これを聞いた時には、さすがに顔色蒼白となり、

「こんなことだろうと思った——何という馬鹿なことだ——」

と、卓をたたいて立ち上がり、

「何だか心配でならないから、病気を押して帰って来たが、帰ってみるとこの有り様だ。辛うじて得た南満洲鉄道を、アメリカ資本の利益の前に献上することは、何という無謀だ。名は日米合弁でも資金もアメリカ、技師もアメリカに与えんとするものではないか。よし、これは万難を排しても、断乎反対してぶち壊してみせる」と猛反発をした。

小村は閣議に臨み、

「日露の戦いで日本は何を得たか、ほとんど得たものは何もない。北海の漁業と南樺太は別として、満洲においては唯一つ、この鉄道を得ただけである。これすら外国に渡すというならば、何を以て陛下に応え奉り、何の顔《かんばせ》あって国民に見《まみ》えんとするか」と、平生謹厳をもって鳴る小村が「どうしても内閣が鉄道をハリマンに譲渡するというならば、自分は遺憾ながら骸骨を乞うて野に下り、自分の所信を国民に披露する」という意味の激語を吐いたのである。

ポーツマス講和条約締結の労苦を骨に刻み、癒えやらぬ病躯を抱いて、国民の喧罵を浴びつつ故国の土を踏んだ小村は、帰朝早々休養の瑕もなく真に寝食も忘れて奔走し、かくて帰朝劈頭第一の閣議に臨み、遂に廟議を転覆することに成功したのである。

小村の主張は、

① 日本に対する満鉄線の譲渡は、清国の同意に依って始めて可能である。日本政府は清国と交渉以前に、ハリマンとかかる契約を締結すべき法的根拠を有しない。

② 以上のごとき形式論は別としても、十万同胞の流血と二〇億の財幣とを犠牲にしてあがない得た満洲鉄道をアメリカに売却し、満洲を外国商業の自由競争の修羅場と化すことは、到底国民の忍ぶ能わざるところである。

というにあった。

もとより②は小村の主眼であり、①はハリマン協定を打破する理論的根拠であった。

その後の閣議では小村外相が昂然として、

「南満洲鉄道に要する五〇〇〇万～一億の資は必ずしもハリマンの力を仰ぐ要なし。別に支弁の途あり。不肖壽太郎、敢して、その任に当るも可なり、諸君請う心を労する勿れ」と。

ここにおいて、ハリマン案ついに排斥に決したのである。

ここに一つの幸いは、ハリマン協定は「仮契約」であったから、これを破棄し得る余地のあったことであった。

ハリマンは一〇月二七日、サンフランシスコに到着の予定であったが、これに先だち、在サンフランシスコ上野季二郎領事に対し、桂太郎総理大臣の名をもって、ハリマンに次の電報を手交すべしとの電命が、小村から発せられた。

「帝国政府は、本年一〇月一二日付覚書に記したる諸問題につき、さらに一層細密なる調査研究を為す必要を認めたり。故に予は本件に関し帝国政府よりさらに詳細なる通報を為すを得るに至るまで、同覚書は一時中止したるものと看倣されんことを乞う」と。

同時に、小村外相は、桂首相の依頼によるものと称して、ハリマン宛次のごとき別電を発出したのであった。

「鉄道問題に関し、小村男爵の帰朝後、同男より聴取したる詳細なる報告を熟慮し、かつ本問題に対する清国政府日頃の態度を鑑み、帝国政府は一〇月一二日の覚書に包含せられたる諸問題をもって、この際為し得るだけ、さらに一層精細なる講究を要するものと決定せり。

貴下の知悉せらるごとく、ポーツマス条約は、鉄道財産を日本に移転するの件に関し、清国の同意を経べき旨及び連絡鉄道業務に関し、ロシアと協定すべき旨を規定せり。清国及びロシアとの約定締結せらるるまでは、果たして如何なる権利及び財産が移転せらるべきものなるか、又は鉄道が如何なる収益を期し得らるべきかを到底正確に決定することを得ず。

これらに関し、知悉することなくては、鉄道及び財産の運転に関し、日本政府又はハリマン氏の満足するに至るべき確然たる協定を遂ぐるは、畢竟不可能の事に属す。従って日本政府は、ハリマン氏に対し、前記覚書をもって、当分中止せられたるものと見放すべきことを求むるは、事のよろしきを得たるものと思惟す。日本政府はなるべく速やかに必要なる国際約定を締結するの歩を進むべし。

かくのごとき約定は、後日重要なる変更を必要とすることあるならん。しかれども、そのいずれにするも、日本政府は他の個人的資本家と協定する前に、先ず協議を要するものなり」と、電報一本で破棄させてしまった。

翌一九〇六（明治三九）年一月、ハリマンとの連絡係であった添田寿一は、ハリマン宛て次の意の電信を発した。

「小村外相は一月一日清国より帰朝し、七日新内閣（西園寺内閣）は成立した。

余は桂首相に懸案の方針を貴下に通知するの必要を進言した結果、次の意味を貴下に電報すべき旨依頼せられた。

すなわち、日本政府は南満洲鉄道の譲り受けについては、ポーツマス条約第六条により清国政府の承認を経たるも、同鉄道の株主は露清条約の原規定に準じ、日清両国人に限られることとなった。

桂首相にはこの事情に鑑み、一九〇五（明治三八）年一〇月一二日の覚書はこれを無効とせざるを得ないことを貴下に通知するの巳むなきに対し遺憾の意を表せらる。

ただし、日清両国の資本のみにて、満洲鉄道の必要なる改善及び延長に応じ得べきやについては、桂首相においても疑問とせられ、したがって他日、別種の基礎の下に外国資本家と交を開く得べき機会に逢着する場合には、改めて貴下と協定することがあろう。

なお、桂伯はすでに首相の職を辞したこと、本電はその後継者たる西園寺公と相談の上にて発するものなることを了承ありたい」

そして、これと前後して外務省顧問デニソンからも、グリスコム公使へ別にこれと大体同趣意の釈明書が送られた。

ここに至って、ハリマンの満洲鉄道買収案に対して全く引導が渡された訳である。

《参考》　フリーメイソン

フリーメイソンは、一六世紀後半から一七世紀初頭に、判然としない起源から起きた友愛結社である。

フリーメイソンとは、厳密には各個人会員の事を指しており、団体名としては英でフリーメイソンリー、仏でフランマソヌリ、伊でマッソネリア、独でフライマウレライ、露でマソンストヴォがある。

フリーメイソンリーには、自由、平等、友愛、寛容、人道の五つの基本理念がある。

原則として国や州を単位とするグランド・ロッジと呼ばれる本部があるものの、全体を統制する総本部はない。

平成一四年現在、日本には北海道から沖縄まで一七カ所のロッジがある。米軍基地周辺に多い。会員は二〇〇〇人、多くは在日米軍関係者。その内日本人が三〇〇人であるという。意外と少ないように思われるが、政財界のトップクラス、宗教人、文化人、外務官僚、大蔵官僚など、社会的に大きな影響力を持つ人々によって占められている。

昔は、フリーメイソン・ロッジとは言わず、「ユダヤの寺」と呼ばれていた（渡部悌治）そうである。

フリーメイソン日本グランド・ロッジの公式ホームページによれば、「会員相互の特性と人格の向上を図り、良き人々をさらに良くしようとする団体」であるとされているが、具体的な活動内容は非公開である。

対外的には学校設営や、慈善団体への資金援助などのチャリティ活動を行っており、日本では五月に子ども祭り、八月にバーベキューが催され、これには会員以外の一般人も参加可能であるという。その他行事として「昼食会」「野外活動」「遠足」「チャリティ・コンサート」などがある。社会福祉として孤児院、ホームレス、レイプ被害者、眼球バンク、火傷した子供、盲導犬等に関わる活動を支援している。

会員同士の親睦を深め合うことも活動の一環であり、集会後の食事会も正式な活動である。初期のロッジは、レストランやパブ、居酒屋、宿泊施設が多かった。

『人間と世界の改造者（楽園を創るフリーメーソン物語）』の著者・山石太郎氏によると、ユダヤ・フリーメイソンがニューヨークで戦前からすでに〝日本解放会議〟をもち、「専門職のメイソンを三〇〇名くらい集め、日本の解放指導者に教育して解放軍に編入する」ことを決定。これはルーズヴェルト大統領（オランダ系メイソン）と直結するものだったという。

いわゆるニューディール派のユダヤ人は、戦後日本の解放政策を採用したＧＨＱ内の軍人達でフリーメイソンだった。フリーメイソンにとって解放後の日本が未来の「人間と世界の縮図、理想」と考えられたからだと述べられている。

同書によると「ニューヨークで一九四三年に選び出された日本人の解放指導者には、首席候補が米内光政、東久邇宮稔彦、幣原喜重郎、鳩山一郎、佐藤尚武以下一〇数名、進歩系の片山哲以下一〇数名、そして吉田茂がロンドン駐在中にスコッチ・メイソンになったから特別に育成すると決まったとしている。

しかし、フリーメイソンの日本での発展がなかったことは、いろいろな要因が考えられるが、何といってもフリーメイソンの教義が持つ宗教性が、キリスト教と同じく日本人に適さなかったのであろうとされている。

≪参考≫　イルミナティ

現実の歴史及びフィクションに登場する秘密結社の名称であるイルミナティは、陰謀論においては非常に人気があり、現在でも密かに世界へ手を伸ばし影響を与えている影の権力であるとされる。ただし、日本ではそれほど有名ではなく「ユダヤの陰謀」や「フリーメイソンの陰謀」などの表現に置き換えられていることが多い。

フリーメイソンと混同される場合もしばしばあるが、フリーメイソンとの関連性は低い。単にイルミナティと言った場合、インゴルシュタット大学の実践哲学教授アダム・ヴァイスハオプト主宰のものを指す場合が多いが、その後に復興運動があったとはいえ、その本体の活動期間は実質八年間であり、陰謀論の主体としてはユダヤやフリーメイソンと比較して説得力に欠けるという側面もある。

イルミナティの綱領は、

「君主制及び全ての秩序ある政府の破棄、私有財産の廃止、相続権の廃止、愛国心の廃棄、全宗教の破壊、家庭の破壊（結婚及び全ての道徳並びに児童の家庭教育組織）等」であり、これは創始者ヴァイスハオプトの大原則である。

真偽は判らぬが、イルミナティはフランス大革命を始め、第一次欧州大戦によってロシア、オーストリア、ドイツの君主を葬り去ったとし、その後、満洲国が出現したことによりイルミナティの原則が逆なでされたこととなり、満洲国と日本を壊滅させる謀略を目論んだのであるとしている。

なお、満洲国不承認派の関係諸国間では、既に満洲の国土を分割して管理統治する案が建てられていた。それには黒龍江省はソ連、吉林省は英国、奉天省は米国、フランスには熱河省をと定められていた。満洲を通じて欧亜の大陸を連結し得るからである。鉄道関係のハリマンの野望もこの案に関係しているとされ、そのために日本を満洲から排除しようと満州事変を起こし、大東亜戦争を仕組んだのである（渡部悌治：『ユダヤは日本に何をしたか』）としているが、この事も創始者の打ち立てた綱領によるものだろうか。

陰謀論または陰謀説とは、ある出来事について、広く人々に認められている事実や背景とは別に、何らかの陰謀や策謀があるとする意見を指す名称である。

「陰謀論」とされるのは、一般に、強い権力をもつ者（複数の国家、警察、検察或いは大企業や多国籍企業など巨大資本、マスコミ、宗教団体、エリートなど）が一定の意図を持って一般人の見えないところで事象を操作し、または真実を衆目に触れないよう伏せている、とする主張や指摘である。

操作する方法としては政治力や財力が主張されている。

満洲事変と中ソ関係

南京政府の悩みのひとつは中国共産党との戦いであった。国民党と共産党が一線を画してから共産党は中国では非合法とされ、地下に潜った。コミンテルンの勧告によって、中国共産党はソヴィエト（労働者・農民・兵士の評議会）をスローガンにして農業改革、農民運動の展開及び中国紅軍の創設に取り掛かった。

蒋介石の「第一回剿共作戦」が、一九三〇年一一月から三一年の初めまで中央ソヴィエト地区に向けて展開された。

中国紅軍（中国共産党が組織した軍隊「中国工農紅軍」の通称）の兵士たちは少ない兵力ながら機動力があり、「敵が攻勢に出れば退き、敵が止まれば不安にさせ、敵が疲れれば撃つ。敵が後退すれば追う」という原則に従って献身的に戦った。

蒋介石は、紅軍に対し何応欽《かおうきん》将軍指揮下の軍を差し向けた「第二次剿共作戦」を行い、紅軍は兵員数が大幅に減り、全滅の瀬戸際にあった。

全ソ共産党（ボリシェヴィキ）中央委員会政治局は、中国紅軍を強化し、その組織再編成を行うため、中国紅軍の主要部隊、特に兵団本部に、ソ連で養成された多数の軍事専門家を派遣した。ソヴィエト地区に対する国民党軍の第二回及び第三回の剿共作戦が、共産党にとって好結果に終わったのは、特に紅軍指導部がソ連の軍事諜報機関から、軍事・政治情勢及び国民党の計画についての情報を貰っていたからであると云われている。

一九三一年七月一日から、九月中旬ごろまで国民党軍は中央ソヴィエト地区に「第三回剿共作戦」を行った。しかし、九月一八日日本が奉天に攻撃を加えたため南京政府は、一〇月に剿共作戦を中止し、兵力を華北に投入せざるを得なかった。これによって、共産党は完全崩壊から救われたのであった。

一九一七年のロシア革命のあとに成立したソヴィエト政権の対中国政策は、二枚舌外交によると特徴づけられる。ソヴィエト政権は、一九一九年のカラハン宣言によって帝政ロシアが中国で獲得した全ての領土、利権の放棄を宣言し、中ソの友好関係を提議した。しかしカラハン自身は、同宣言に署名したものの、その後、「翻訳の誤り」であるという口実で東支鉄道を無償で返還するという約束を認めなかった。このような言い訳は国際社会では通用しない。ソヴィエト政府は中国における自国の国益を主張して東支鉄道を中国に無償で引き渡さなかった。

ソ連は、スターリンの一国社会主義建設のイデオロギーを採用して以来、自国の戦略的安全を目標として対外政策を決定して来た。コミンテルンの戦略も、当然ソ連の戦略と一致していた。

ソ連の戦略を要約すると以下のとおりである。

ソ連に対する第二次帝国主義戦争は不可避的である。ソ連は世界革命の根拠地であるのでコミンテルンに所属する各国共産党はあらゆる戦略を用いてソ連を防衛しなければならない。ソ連以外の共産党は、ソ連の政治的戦略を重視し、それぞれの「部分的」ないし「単なる地方的要求」よりも優先的にソ連防衛を行わなければならない。ソ連の安全を保障するには国際平和の維持が必要であり、国際平和の維持は社会主義実現のための最も容易な方法である。

以上に基づいたソヴィエト政府の対中国政策の基本的な考え方は次の通りであった。

一九一七年のソヴィエト政権成立後、ソヴィエト政府の対中国政策は、中国を一人前の独立国と認めて、中国側からソヴィエト政権の承認を得ることに重点を置いていた。当時、西側列強の半植民地状態に置かれていた中国側としては、ソヴィエト政権の姿勢は歓迎すべきものであった。

一九二四年に入ると、英国、イタリア、ノルウェー、オーストリア、ギリシャ、スウェーデンが次々にソヴィエト政権を承認したので、ソヴィエトの対中国政策も変化し始めた。ソヴィエト政府は、政権獲得後まもなく中国に対しては革命的ロマンチシズムを発揮していたが、政権が固まるにつれて中国に対して帝政ロシアと同じような国益優先の政策を取るようになった。

孫文はソヴィエト政権への接近を試み、一九二三年一月、「孫文・ヨッフェ宣言」を発表した。孫文は、中国の統一を目的として北洋軍閥を倒すため軍事力を必要としていた。また陳炯明《ちんけいめい》の反乱によって広東の根拠地を失ったので、コミンテルン、ソ連、中国共産党の支援を必要としていた。

ソ連が中国に軍事援助を行ったのは、中国と日本を戦争の泥沼に引き込み、日本がソ連を攻撃しないようにするためであった。ソ連の対中援助は、ソ連が宣伝しているような「無欲」な援助ではなかった。ソ連が中国に対する軍事援助に踏み切ったのは、一九二四年三月二〇日の政治局の決定によってである。政治局は、中国に約束した二〇〇万ルーブルのうち五〇万ルーブルの支出を決定した。そして一九二四年一〇月八日、最初の武器がウラジオストックから広東に到着した。

一九二三年七月、コミンテルン極東諸国担当執行委員会代表G・マーリンの提案によってコミンテルン執行委員会は、中国共産党員の国民党入党を承認し、同年八月に開催された中国共産党中央執行委員会は、国民党との「統一戦線」を承認した。一九二四年、国民党と中国共産党が手を組み、第一次国共合作が成立した。

しかし蒋介石は、既にソ連の意図を見破っており、廖仲愷《りょうちゅうがい》に当てた一九二四年三月一四日付の手紙の中で、ロシアは中国共産党を道具として使おうとしていると述べ、「ロシア共産党を信用してはならない。共産主義者たちの政策は、東北の各省、モンゴル、新疆、チベットをソ連の勢力圏に入れることを目的としている。恐らく、ロシア共産党は他の省に対しても良からぬ意図を秘めているであろう」と書いている。

コミンテルンは、在中国ソ連大使館、領事館を共産主義宣伝の拠点として利用し、一九二六年には蒋介石を誘拐しようとして中山艦事件を起こし、さらに翌年も中国共産党に上海で武装蜂起をさせたので、蒋介石はソ連との関係を断絶した。

一九二八年、奉天軍閥の張学良が東支鉄道を武力で奪取すると、翌年、ソ連は武力を行使して東支鉄道を奪い返した（奉ソ戦争）。

一九三一（昭和六）年の満洲事変後、日本軍が東支鉄道を含む満洲全体を支配しても、ソ連は満洲に関して厳格な中立を維持した。ソ連の国力では日本と戦えないと判断したからである。

兵士の質や技術的訓練に関しては、ソ連軍は日本に劣らなかったが、当時のロシアの弱点は、国内情勢にあった。世界の新聞・雑誌は、ソヴィエト・ロシアは、言い表し難い困難を経験していると伝えていた。

その当時の状況が悪いことについては多くの原因があるが、その中でも最大の原因は、ソヴィエト連邦が国家発展を希求し、重工業中心の工業化及び農業の集団化（コルホーズ）に関して逐次作成した五年間に亘る長期計画（**第一次五ヵ年計画**・一九二八―三二年）を自分たちの課題としたことであったとされている。

それ故にこのような状況では、日本との戦争など話にならず、それ故、ソヴィエト政府は**不干渉政策**を堅持した。

また戦争になった場合、日本には有り余るほど国民に戦争に対する情熱があるのに、こうした本質的な条件はロシア側にはなかった。ロシア国民の大多数は、満洲や東支鉄道を始めとする東方問題については漫然としか理解せず、動員に対しては喜んで反応せず、強制的に徴兵されるなら、過去一四年間の支配で負った重荷に対する報復としてソヴィエト政府と共産党に自分の銃を向けるだろうと云われ、これは新しい大戦争を起こす可能性があったとされていた。

かくして、ロシアの弱点は平時の赤軍（ロシアおよびソヴィエト連邦に存在した軍隊）にあるのではなく、戦争が始まるや否や、徴兵されざるを得ない予備兵にあった。もう一つの弱点は、戦時の緊張した活動に全く備えていない工業にあった。平時である状態においても、工業は国内需要を満たすことが出来ず、ロシア革命及びボリシェヴィキ体制をもたらした世界大戦の数年間に出現したような道を通って、ロシアの工業が崩壊することは更にありうることであった。

このように、あらゆる観点からロシアは、現在、如何なる大国とも長期戦をする雰囲気にはない。ましてロシアは、軍事的・経済的に如何なる敵も充分に迎え撃つ準備をしている日本とは戦えるはずがない。それ故に現在の満洲事変にロシアが介入することに大きな期待をかける事は極めて不当である。満洲事変へのロシアの介入は、東支鉄道地帯を日本軍が占領した場合でもあり得ない（ロシア連邦対外政策公文書館、関係文書第五六六号、目録第三四号、ファイル第三四一号、文書第四八号）としていたのである。

何故ソ連は、満洲における権益を守るために日本と戦わず、戦争計画を作成しなかったのか。スターリンも、軍事行動のメリットとデメリットを秤にかけて、賭けをしない事に決め、厳格な中立政策を取ったのか。

これを証明するのが、公表された全ソ共産党中央委員会政治局の特別ファイルである。それには、一九三一年九月一四日、スターリンは、政治局で文書を検討した上で、こう記している。「日本に対しては、もっと慎重になる必要がある。しっかりと揺るぎなく自分たちの立場に立つ必要があるが、戦術はより柔軟で慎重でなければならない。……攻勢のときはまだ来ていない」（全ソ共産党：『一九一七―四一年のコミンテルンと日本』）とした。

また、斉斉哈爾からカラハン（外務次官）に宛てたA・ドリビンスキー領事の一九三二年三月一七日付書簡を抜粋すると、

「一部の層からは、一方で日本に対する大きな敵意が、他方で、日ソが戦う場合のソ連に対する大きな期待が生じています。しかし、以前よりも冷静に日ソ紛争の可能性を見るようになったことを指摘すべきです。ここでは日ソ紛争の可能性が想定されながらも、ソ連が何はともあれ北満における自国の利益を守るとは思われていません。以前は日ソの武力闘争の出発点がそのようにしか考えられていませんでした。ところが我が国の政策の抑制的な姿勢がはっきりして来たので、最初は疑惑と若干の失望が広がりました。今、当地では、ソ連は日本と戦端を開かず、衝突が起こり得るとすれば、日本が我が国を直接攻撃した場合に限ると理解されています」〔ロシア連邦対外政策公文書館、リトヴィノフ関係文書、（ソ連と中国の政治関係）、目録第一二号、ファイル第八五号、文書第四五号〕と述べている。

実際、ソ連政府は、満洲事変の当初から、事変の評価について極めて抑制的な姿勢を示していた。モスクワが東支鉄道でソ連国境近くへ日本軍を輸送することを許可し、日本に前例のない譲歩を行った事実を見ても、その点は明らかである。この措置は、中ソ合意（一九二四年）のみならず、日ソ条約（一九二五年）にも違反していた。ソヴィエト政府は満洲に駐在する自国外交官に対し、リットン調査団との協議を避けるようにとの指令を出していた。これは日本に対する間接的支持と見做された。

モスクワが厳格な**中立政策**を選択し、満洲における自国の利益を守るために軍事力を行使することはないことを示したのが、**日ソ不可侵条約**を締結しようというモスクワの提案である。

一九三一（昭和六）年一二月、Ｍ・Ｍ・リトヴィノフ外務人民委員は、外相に任命されたばかりの芳澤謙吉にその提案を行った。芳澤は、フランスからモスクワ経由で新しい任務に就くために帰国するところだった。その後数カ月にわたり、東京駐在のＡ・Ａ・トロノフスキー政治代表を始めとするソ連側は、日本の政治家に条約問題を提起するために様々な機会を利用した。

同年一一月、日本軍は満洲におけるソ連の拠点、斉斉哈爾地域の東支鉄道を横切ったのである。日本軍が中国で軍事作戦を行っている時に不可侵条約を提案するのは、一層の勢力拡大に向かう日本に対する疑いのない応援であった。関東軍本部はまさにそのように理解した。関東軍は、一九二九年のように東支鉄道にソ連軍が入る可能性はないと考えたのである。

―満洲事変とヨシフ・スターリン―

満洲事変が起こった時、ヨシフ・スターリン（ソヴィエト連邦の政治家、軍人。同国の第二代最高指導者）はソチで休養していた。九月二二日二〇時五〇分、ラーザリ・カガーノヴィチ（ソヴィエト連邦運輸人民委員・スターリンの側近）とB・モトロフ（ソヴィエト連邦首相・スターリンの片腕）はスターリンに暗号電報を打った。その電報は、

「日本の行動について、状況はまだ明らかではない。

（一）アメリカ以外の列強の姿勢は消極的である。新聞情報によると、アメリカは差し当たり、日本の行動をケロッグ条約違反ではなく、一九二二年のワシントン会議の決定に違反するとみなし、反対しようとしている。

（二）中国は国際連盟に提訴した。国際連盟は、近日中にこの提訴を検討するであろう。

（三）日本の新聞は、日本人の保護を口実にして、軍はさらに北方に移動すると書いている。

（四）政治局はリトヴィノフ外務人民委員に、満洲の事件、特に東支鉄道の利権に関わる情報を入手し、事態を説明させるために日本大使を呼ぶよう委任した。

我々の今後の措置及び新聞・雑誌向けの指示についての貴方の考えを知らされたし」となっていた。

スターリンは、わずか三時間後に回答した。彼は「満洲事変」について、日本は満洲に侵攻する時、ソ連に対する何らかの秘密協定をどこかの大国と締結したに相違ないと想像した。このため次のように記している。

「（一）中国における勢力の拡大と固定を目指す日本の介入は、全ての大国またはいくつかの大国との申し合わせによって行われている可能性がある。

（二）アメリカが日本に反抗する張学良を守るために深刻な騒ぎを起こす可能性はあるが、それはあまり考えられない。現状ではアメリカは、日本と紛争を起こさなくても、中国自体の承諾を得て中国における「自国の分け前」を確保することが出来るからである。
（三）日本は馮玉祥や閻錫山などの軍閥、又は張作霖タイプの旧奉天軍閥、或いはこれらの軍閥を含む中国のいくつかの有力な軍閥から、干渉についての同意を得ている可能性はありそうなことである。
（四）我々の軍事干渉は、もちろん避けなければならず、外交的干渉も今は適当でない。そんなことをすれば、軍閥どもを団結させるかもしれないからである。一方、軍閥が仲違いすることは我々には有利である。
（五）もちろん、日本には事件の経過を知らせるよう要請しなければならないが、同時にハルビンを経由してでも、中国にその事を要請する必要がある。
（六）新聞では、我々が心から干渉に反対している事をはっきりと知らせるべきである。
『プラウダ（ソヴィエト連邦共産党の機関紙）』には、日本の占領軍、平和でなく戦争の手段としての国際連盟、占領を正当化させる手段としてのケロッグ条約、中国の分割を擁護するアメリカを強く非難させろ。ヨーロッパ、アメリカ、アジアの帝国主義的平和主義者が中国を分割し、奴隷化していると『プラウダ』に大声で吠えさせろ。

『イズヴェスチヤ（ソヴィエト連邦の日刊紙）』は、同じ路線を取らなければならないが、穏やかな慎重な調子でやるべきである。穏やかな調子は、『イズヴェスチヤ』には絶対に必要である。
（七）コミンテルンの新聞、一般にコミンテルンを特に訓練すべきであろう。
（八）差し当たりこれで十分であろう」
と回答している（ロシア国立社会・政治史公文書館、関係文書第五五八号、目録第一一号、文書第七六号、スターリン、カガノーヴィチの交換書簡、一九三一―三六年)。

しかし、日本軍がソ連の利害関係の絡む地域に侵攻したのに、このような慎重な態度を取ることに誰もが同意したわけではなかった。リトヴィノフが政治局会議でソ連の積極的な介入を要求したことが知られている(一九三一年九月二六日付のスターリンに宛てたカガノーヴィチの書簡、ロシア国立社会・政治史公文書館、関係図書第五五八号、目録第一一号、文書第七三九号)。

日中関係が、満洲問題によってこれほどまでに危機的段階に至った時期に、一般の関心が、満洲に於いて巨大な利益を有するソヴィエト・ロシアに向けられるのは全く当然のことであった。

当時、日ソの政府間で重要な交渉が行われ、その際ソヴィエト政府が明瞭な表現で、ロシアは自国の利益が損なわれない限り中立を維持すると表明した事は明らかである。

国際連盟から何ら現実的な支援を期待できない事が明らかになると、日本がロシアの利を損なうなら、ソヴィエト・ロシアは恐らく中国側に立って戦闘に加わるであろうという期待が一部の層から表明されるようになった。しかし、その頃の出来事を見ると、日本軍が東支鉄道の線路を越えて斉斉哈爾を占領し、馬占山将軍を追い出しても、ソ連は平静で、何らかの仕返しをしようとはしなかったことが明らかである。

ブリアン仏首相やスティムソン米国務長官などは、ロシアが紛争に巻き込まれ、新しい世界戦争を招くのではないかと危惧を抱いていたが、その見方は、当時のソ連と二〇年前のロシアとを混同する所から生じている。これまで極東に於いて勢力均衡をとる役割を果たしていたロシアが不在となったため、日本軍の満洲占領や自由な行動が可能になったのである。

日本は世界戦争に参加し、それから中国の内戦を利用して無力な中国に襲い掛かり、畳み込むようにして中国から自国の『権利』を奪い取ろうとした。日本は自国の『権利』なるものを守るために、フランスとドイツを合わせた位の土地を占領し、他の列強の眼前で、事実上、日本の傀儡国家を建設するつもりでいた。それればかりか、日本は一一月一六日に撤退するという国際連盟の一般決議に従わないつもりだった。

国際連盟が現在の危機について議論するだけで何も行動しないことが明らかになった今、一部の層は、ロシアが、以前のように助けに来てくれると推測していた。遺憾ながら、それはありそうにない。その根拠は次のとおりである。

第一に、ロシアは、どこかの軍事大国との戦争を準備しているのではない。もしロシアが戦争に巻き込まれたら、ロシアは、多分負けるであろう。

第二に、ソ連共産党は、もしもロシアが今、日本と戦っている中国の味方をしたとすれば、中国の将軍たちやブルジョアジー、つまり共産党の不倶戴天の敵を支援することになると考えている。

第三に、赤軍の敗北はロシアに於いても共産党独裁の終焉につながるであろう。

第四に、満洲はロシアの領土ではない。それ故に他の国や国民の為に党を危険に曝すことは間違った政策であろう。しかし、彼ら、つまり、紅派は満洲で日本軍がほしいままに行動するのは不公正であり、危険であると感じている。

もしモスクワが日本の拡大を容認しなかったなら、日本軍が斉斉哈爾を占領するまでにソ連はしかるべき措置を取ることが出来たであろう。赤軍は東支鉄道地帯に入り、中国軍に代わって東支鉄道地帯のソ連の財産とソ連国民を保護下に置くことができたであろう。日本軍が北満洲と南満洲に居座り、一撃で東支鉄道を奪おうとしている今、ソ連は介入する時期を逸した。ソ連は何もせず、日本軍がロシア領内に踏み込まない事は明らかである。のみならず、東支鉄道が日本軍によって占領されたとしても、ソ連は戦争に踏み切らないという結論を下すことが出来る（ボリス・スラヴィンスキー、ドミトリー・スラヴィンスキー共著　加藤幸廣訳『中国革命とソ連—抗日戦までの舞台裏「一九一七—三七年」』共同通信社　二〇〇二年）としている。

すなわち、ソ連は満洲事変に対し、**不干渉政策と中立政策**と決め込んだのである。

一九三三—三七年の第二次五カ年計画が終わるころになると、ソ連の国力は飛躍的に増強され、極東ソ連軍の兵力は二四—二五個師団、戦車一五〇〇台、爆撃機三〇〇機を含む一五六〇機に達した。するとソ連は日本に対して強硬となり、ソ連国境及び満蒙国境では日ソ両軍の間で紛争が頻発するようになったのである。

一方中国を見ると、

国民党の指導者たちは、中国が国際連盟から現実的な支援を受けられない事を確信したため、ソ連との外交関係を回復する方向に傾くようになった。親日派の汪兆銘と張群《ちょうぐん》は、日本側からの厳しい措置を懸念して、これに反対した。一方、宋子文と顧維鈞はソ連との関係回復が日本と対立する中国の立場を強化すると考えた。

蒋介石は一九三二年六月六日の国民党政治評議会で、中ソ間の外交関係回復交渉を開始するという秘密決定を採択した。また、中ソ関係の正常化が日ソ関係悪化を招き、それが日ソ間の軍事衝突に発展することを期待していた。これによって中国に対する日本の圧力が弱まり、中国共産党の拠点に対する撃滅作戦を終えることが出来ると考えたのである。

―リットン調査団報告書採択後のソ連―

ＡＲＡ密約（第五章参照）は、日本の国際連盟脱退と満洲国の実力擁護で、遂に発効することなく終わった。だが、この密約の存在を裏付ける状況証拠は、その後のしたたかなソ連の外交戦略を見ると明らかである。すなわちソ連は、ＡＲＡ秘密協約は発効されなかったにも関わらず一方的に協約の実行を迫って国際外交の場に登場したのである。

一、一九三二（昭和七）年一二月一二日、国際連盟で日中両国の論戦が行われている最中、ソ連は中国政府と国交を回復した。

二、一九三三（昭和八）年一一月一七日、日本の国際連盟脱退九ヵ月後、突然、アメリカはソ連の正式承認を行った。

三、一九三四（昭和九）年九月一八日、英国の支持を受けてソ連は国際連盟の加盟が承認された。

四、ソ連は満洲における権益を売却し、為替資金とする既定方針を貫き、一九三三（昭和八）年五月、国際連盟を脱退して満洲支配を確立した日本に対し、東支鉄道の譲渡を提議、売却に成功する。

一九三一（昭和六）年一二月末、不可侵条約問題を持ち出し、日本に対し熱心に締結を迫った。しかし、日本の国内にはこの条約に反対する意向が強いと見ると、翌一九三二（昭和七）年三月、ソ連は巧妙な方法で、東支鉄道の売却を申し出て来た。これはソ連の、東亜に対する計略の基盤であり、東支鉄道を売る事により守備範囲を拡大させる方がソ連にとっては得策であり、一方日本の勢力圏内に紛争の種子を置くことは得策でないとする発想からだった。

これは正面から見れば、東支鉄道を売却することは、ソ連が目論む計略の基盤を放棄するかの如き映るが、実はそうではなかった。一旦自分の持ち物を高額な金額で売却しておいて、後に武力で取り返すという二段構えになっていたのである。この当時ソ連の計略を見抜く日本の指導者はいなかった。

東支鉄道の売却の正式調印は、一九三五（昭和一〇）年三月二三日だった。一九三二（昭和七）年から三年間もの歳月を費やしたのは、双方の主張に大きな隔たりがあったからである。

ソ連側は三億四〇〇〇万円を主張した。一方日本側は五〇〇〇万円を主張した。この隔たりを埋める為に双方は歩み寄りをし、結局、売却価格は一億四〇〇〇万円に落ち着いた。

東支鉄道の従業員に支払う退職金などは満洲国側に負担させ、その支払方法は三分の一が日本紙幣で、残りの三分の二は現物支払とされた。その現物支払の中には、建設用の良質なセメントが含まれており、ソ連はこれを後にトーチカ陣地に使用している。

五、この協約草案は、第二次世界大戦中に、その一部がソ連からドイツに漏れ、《一九三七年―ＡＲＡ密約》と呼ばれた。

満洲事変と英国

中国での利権が最も大きく、また国際連盟常任理事国であった英国の対応は注目された。

満洲事変勃発の日は、英国が金本位制離脱を余儀なくされた日でもあった。これは、国内に二七〇万人の失業者があり、また、金と外国為替の海外への流出が急増してポンド危機に直面した英国政府の緊急政策である。

金本位制とは、金を通貨価値の基準とする制度であり、中央銀行が、発行した紙幣と同額の金を常時保管し、金と紙幣との兌換《だかん》を保証するというものである。

このように国内の恐慌対策急務の時期に、遠く離れた極東の満洲事変を英国政府が大々的に取り上げるはずはなかった。

英国政府が事変初期に積極的な姿勢を示さなかった原因には、関心の中心ではなかったということの他に、国民政府に対する評価の低さもある。事変勃発の原因には、中国国民、政府側の政治家・論客が、満洲における日本の重大権益を認めず、日中提携の利益を拒否して不穏の空気を醸成したこともあるとされた。また、日本は中国側から数回にわたって侮辱を受けたにも拘らず、これまで驚くべき忍耐を示していたが、遂に堪忍袋の緒が切れたのであろうとする新聞の論評もあった。これらは英国全体の雰囲気を伺わせている。

このように、英国は植民地権益保護という共通の利益によって日本に同情し、事変勃発当初、国際連盟の理事会で次のような姿勢を示した。すなわち、国際連盟は日中両国の紛争の渦中に入ることを避け、事変に関わる問題は両国直接交渉によって解決すべきである、と。

しかし一九三二年一月二八日に上海事変が勃発し、中国における核心的な利益が直接脅かされた。すると、中国本土での日本軍の軍事活動に対してはこれを牽制すべきである、という提案が英国政府内部にも浮上した。

ただし、英国の対外政策には、それなりの枠組みがあった。つまり、第一に、英国はあらゆる国との衝突を避けたい。第二に、現状を維持したい。英国としては、この二つの目標を同時に達成することが理想であるが、両立できない場合にはいずれかを選択しなければならない。日本という大国に直面する場合は、さらに慎重に考慮すべきである。

とりわけ、地政学的視野を取り入れる必要があった。万一中国で日本軍と戦うことになれば、天津と上海に駐屯した陸軍は優勢な日本軍に包囲され、投降するしかない。そして、上海と揚子江で巡航している巡洋艦も日本軍の攻撃にさらされるに違いない。さらに、香港とシンガポールさえも危なくなる、とするものである。

軍事面で日本軍と対抗できない以上、日本との衝突を避けるしかないとするのが、当時の英国外務省の立場であった。外務次官ヴァンシタートが「我々はいかなる状況においても、戦争の用意がない限り、経済的、外交的関係の断絶を考えることはできない」と言ったのは、この現実を語っている。

日中両国の紛争に関し、英国政府は中国側に立ちつつ日本との衝突を避けようとした。そして、事変初期には、中国の妥協によって、紛争を鎮静化させようとする対応をとった。ただし、前述したごとく、当時、中国における英国の既存利益は最大であり、現状維持も同政府の政策である。そのため、日本の軍事活動が南満洲の既得勢力範囲を越え、極東地域の国際秩序に挑戦することになった場合、英国政府は国際連盟の権威を維持するためにも、日本の軍事活動に反対せざるを得ない状況に置かれる。

他方で、英国政府のこうした対応は、あくまで国際連盟で採択された勧告決議への賛成に留まり、それ以上に積極的な対応は取られなかった。

しかし、国際連盟の列強である英国が、国際紛争の調停委員として人選したのは、父子に亘り英国の帝国主義政策遂行に力を尽くしたインド総督代理第二代リットン伯爵であった。

すなわち、選任されたリットンは一癖も二癖もある植民地政策のベテランであった。これからしてもリットンは、満洲に植民地のひとつとしての可能性を探ろうとしていたことは明白であろう。

第二代リットン伯爵ヴィクター・アレグザンダー・ジョージ・ロバート・ブルワー＝リットンは、英国の政治家、インドの総督代理である。日本では、満洲事変の調査のため国際連盟が派遣したリットン調査団の団長を務めた「リットン卿」として知られる。

父のロバート・ブルワー＝リットンは、英国領インド帝国の総督(副王)(一八七六年—一八八〇年)であり、その在任中に彼はインドで生まれた。なお、父は、インド総督退任後、一八八〇年に初代リットン伯爵に叙せられた。

イートン・カレッジを経てケンブリッジ大学トリニティ・カレッジを卒業。海軍本部でキャリアを積んだ後、インド省政務次官、ベンガル総督（一九二二年—一九二七年）を歴任し、一九二五年から一九二六年にはインド総督代理も勤めた。

この後も、インド、アジアにおいて多くの職務をこなす。

その職務の一つがリットン調査団だが、実は本国ではあまり知られていない。むしろ、小説『ポンペイ最後の日』で有名な作家エドワード・ブルワー＝リットンの孫であることと、夫人がウィンストン・チャーチルの過つての恋人パメラであったことで知られている。

第七章　その後の国際連盟

このような中の一九三二（昭和七）年一〇月二一日、東京を出発した首席全権松岡洋右ら一行は、シベリア経由、ジュネーブへ向かった。一一月一八日、ジュネーブ到着、ホテル・メトロポールに入った松岡は、即日、活発な外交活動を開始した。

一二月六日、満洲問題を議題とする国際連盟臨時総会が開かれた。議長はベルギー代表ポール・イーマンス外相である。

総会初日から、中国代表顔恵慶《がんけいけい》と日本代表松岡洋右は、舌戦を繰り広げた。顔は日本を条約及び規約の侵犯者と断じ、撤兵と満洲国解体を迫った。松岡は中国の無秩序を論難し、リットン報告書が中国寄りであり、かつ、中国の統治能力に関し楽観的過ぎると非難した。

総会二日目の一二月七日には、スペイン、スイス、グァテマラなど、小国の日本非難が続いた。オランダ、デンマークもそれに同調した。

その間、英、仏及びオブザーバーのアメリカ代表は、日本代表の態度を注目し続けた。

—日本は、最終的にリットン報告書を呑むのか？

リットン報告書は、満洲事変を日本の不当な武力侵略と断定し、満洲国を傀儡《かいらい》政権と決めつけてはいたが、その反面、日本が面子《メンツ》さえ捨てれば、極めて呑み易いように、巧みに作成されていた。

日本が、リットン報告書採択を受諾すれば、解決案作成の際、報告書の提案に基づき、「国際共同管理委員会」を設置する。

国際共同管理委員会が発足すれば、満洲地域の処理は、委員会参加各国の意のままになる。日中両国は形式的な建言会議に席を連ねるだけになり、満洲全域は各国が結成する武装憲兵隊の手によって分割統治され、租界化される。

万一、日本があくまでもリットン報告書を拒否し、連盟を脱退するようなことになると、密約を結ぶつもりの英、米、ソ連の計画は宙に浮き、のみならず連盟の権威は失墜する。連盟の弱体は、ヴェルサイユ平和体制を崩壊させる危機を孕《はら》んでいた。

事実、この年、イタリアのファスト政権に次いで、ドイツでナチス党が政権を握り、その極右両国家は現状打破、ヴェルサイユ体制脱却をスローガンに掲げていた。

米、英にとっても、リットン報告書採択を討議するこの総会は、大きな賭けであった。

総会三日目の一二月八日、チェコ、アイルランド、スウェーデン、スペインの共同提案になる四ヵ国決議案と、スイス、チェコ共同提案の二ヵ国決議案は、不利とみた日本の強硬な反対で、採決に至らず葬り去られた。

注目すべきことに、四ヵ国決議案には、満洲問題の解決案を作成する一九ヵ国委員会に、アメリカ及びソ連の参加を求める条項が付与されていたことである。

午後、中国代表郭泰祺《かくたいき》の日本非難演説に次いで、日本代表松岡洋右が演壇に立った。

総会で、日本の態度表明が行われるのはこれが初めてであった。

—受諾か、脱退か。

満場の注目を浴びた松岡の演説は、夕闇迫る午後五時半から、一時間にわたって行われた。後に、「十字架上の日本」と呼ばれたその演説の要旨は、次の通りである。

「国際連盟は、ヴェルサイユ平和会議において、ウィルソン大統領の提唱により成立したにもかかわらず、アメリカは議会で批准を否決し、遂に参加しなかった。ソ連は、共産政権なるが故に大多数の国の承認が得られず、連盟の外にある。日本の西方には、内戦の混乱が続く中国が隣接している。

日本を取り巻くこの状況下で、日本のみが連盟の規制下に置かれることは、多分に不平等であり、余分な苦痛を強いられることになる。

米ソが不参加なら、当然、日本も参加すべきでないという論もあった。しかし、日本は敢えて参加に踏み切った。理由はただ一つ、連盟の趣旨である世界平和に貢献したいがためである。

現在、日本では、国際連盟脱退を提唱する有力者が日増しに増加しつつある。しかし、我が国民の大半は依然として連盟を支持している。

にも拘らず、中国はどうか。

その国内情勢はますます悪化の一途をたどり、日本を含む東亜全域はその脅威にさらされている。その悪化の一因をなすソヴィエト・ロシアを連盟の外に控えて、日本は東亜全域の平和のため、孤軍奮闘しているのである。

このような日本の現状を認めたならば、連盟は規約に多少の融通性を持っても当然ではないだろうか。それを持たずに日本を裁くというのは、日本の到底容認できないところと考える」

松岡は、満洲事変が一部軍人の手のみで行われたというリットン報告書の見解に反駁した。日本軍の軍事行動が突発的であったにもかからず、六五〇〇万の国民の殆んどが支持し、数ある政党もその主義主張を乗り越えて、軍を支持支援した事実を挙げた。

「我々に正しい道理がある、と認めなければ、全国民挙げて支持するという事態はあり得ない。その道理とは何か。それは、満洲問題は日本の存立と不可分であり、日本にとっては死活の問題であるからである」

松岡の演説は、日本人の心情を語るとき一層の凄愴《せいそう》みを加えた。

「私は、ここで我々日本人の決意を述べておきたい。このジュネーブで最近、無責任な噂が流布されている。それは満洲問題について日本が譲歩しないならば、極めて苛酷《かこく》な経済制裁が加えられるであろうという予測である。大方、噂を流した者は、無資源国の日本が経済封鎖に怯えると思っているだろうが、それは間違っている。我々は経済封鎖を恐れるどころか、いつでもやってみろというだけの覚悟を持っている。念のため付け加えておくが、経済封鎖で痛手を受けるのは、封鎖された国だけではない。封鎖を実施する国もその封鎖が有効なる分だけ打撃を受けることを忘れないでいただきたい。

なお、封鎖を実施する国は、外交信念に基づく行為かもしれないが、受ける日本は国の存続を賭けている。満洲問題を今にして解決しなければ永遠にその機は訪れない、と考えている。言葉を換えれば、今この問題に結着を付けなければ、永遠に日本は屈服しなければならないと信じているからである」

次いで松岡は、リットン報告書の内容に言及した。

「日本が譲歩を強いられるリットン報告書について検討してみたい。報告書の解決案によれば、満洲から日本軍を撤退させた後、国際管理に委ねるとある。管理する以上、警察軍が必要な事は論を俟《ま》たない。

だが、考えて貰いたい。満洲はフランスとドイツを合わせた以上の広大な土地である。その土地に武装した匪賊《ひぞく》や犯罪者が横行している。一体どれほどの警察軍を派遣したら治安が守れると考えているのか。こうした警察軍による国際管理は、第一次大戦後、トルコで試みられたことがあるが見事に失敗した。満洲では成功するという根拠は何処にあるのか。

また、それに適当な軍隊をどこの国が供出し、その負担に耐えるのか。仮に、最も近い中国の軍隊を派遣するとしよう。その中国軍は張学良軍か、南京の国民政府軍か。張学良軍を満洲に戻せば、前にも増して混乱は必至である。では国民政府軍はどうか。国民政府軍が満洲に入れば、満洲国と張学良軍と、二者を敵に回すことになる。漢民族と満洲族の確執は、西欧諸国の認識を超えている。

いずれにしろ、内乱は激化する。その間、連盟の一片の通牒《つうちょう》で、満洲の人間がおとなしく秩序を守っておるだろうと考えるのは、甚だしい認識不足と言わなければならない」

松岡は、更に言葉を続けた。

「リットン報告者は、平和のための原則を一〇ヵ条述べている。その最終の第一〇の原則にこうある。第一から第九の平和のための原則は、中国に確固たる強力堅固な中央政権が現われなくては実行不可能である、と。私は中国問題の研究を続けてきた。その経験から断言する。残念ながら中国は今後一〇年間ないしは二〇年間、統一を完成することは不可能である。

私はここで、連盟と中国の、日本に対する態度について一言申し述べたい。もともと連盟は、列強の干渉を廃し、東亜の平和を建設するため尽力すべきである。ところが連盟は、東亜の安定平和に努力している日本をことさらに無視して、中国のみ肩入れするのはなぜだろうか。連盟は公平無私ではない、と中国が言っている。連盟は中国の味方だ、と内外に宣伝している。それを諸君はどう聞くのか伺いたい。

中国は、連盟が味方だと信じ、そのため日本との直接交渉を拒否し続けている。連盟の目的はいまさら言うまでもなかろう。世界平和の確立である。米、英、仏、ソ、全ての列強が平和を望むように、日本もまた平和を望んでいる。我々の目的に違いがあるとは思わない、違いはその手段に関する見解にある。

日本は生死の大問題に取り組んでいる。東洋における安寧秩序という大問題はその一環である。

満場の代表諸君、諸君は極東、特に満洲の歴史から思いをいたし、正しい認識の下に、日本が現在極東で取りつつある行動を理解していただきたい。この際必要なものは、卓越した意見より、先ず常識である」

松岡は、ここで一呼吸入れる為、口をつぐんだ。暮れなずむレマン湖にホテルのともし火が美しく輝きだすのが窓越しに見え、降り出した雪が白く舞っていた。

松岡は、声を励まして語りだした。それは歴史に残る有名な結語であった。

「もしも、世界の世論が、仮に日本に絶対非であるとしても、それは永久に絶対であって不変のものである、と諸君は断言できるであろうか。

ここで、大変不遜ではあるが、欧米の人々の信仰厚いキリストを引き合いに出させてもらいたい。

当時、世界を代表するローマ人は、ナザレのイエスを十字架にかけた。イエスの考えは危険であり、世を乱すと考えたのである。

だが、今日はどうか。欧米は勿論、世界に存在する多くのキリスト教徒は、イエスの前にぬかずいているではないか。

諸君は、いわゆる世界の世論というのが永久不変に誤りなきものと確言できるであろうか。

我々日本人は今、試練に遭っている。過つてイエスを十字架に架けたローマ人と同じように、西欧のある国人は二〇世紀の今日、日本を十字架に架けようと欲している。

諸君、日本は今まさに全世界から十字架に架けられようとしているのである。

だが、我々は信じている。確信している。日本が十字架上で断罪を受けても、世界の世論はやがて我々の正しさを認めるであろう。早ければ僅か数年後の世論は我々に与《くみ》するであろう。

世界に平和、東亜の平和に連盟の理想が若しも真剣であるなら、やがて諸君は日本の立場を理解するだろう。

私はここに確信を持って言い切る。ナザレのイエスが遂に世界の理解を勝ち得たように、いま十字架に架けられようとしている日本も、やがては世界から理解されるであろうことを」

松岡の演説が終わると、満場は水を打ったように静まりかえったまま、咳払い一つ聞こえなかった。深い感動が場内に満ちていた。

やがて、拍手の音が、一つ、二つと聞こえ始めると、やがて場内は万雷の拍手に包まれた。怒涛のような拍手の中を、席に戻って行く松岡に、人々は「ブラボー！」と叫び、「ワンダフル！」と呼びかけ、争って握手を求めた。

フランス代表ボンクール陸相は、

「ムッシュー・マツオカの演説は、ヴェルサイユ会議のクレマンソー首相（仏）の『タイガー演説』に優るとも劣らぬ歴史的名演説だ」と賞賛し、

英国代表サイモン外相は、

「ワンダフル！　ベリービューティフル！」と褒揚し、

英国のヘールシャム陸相は、

「三〇年に及ぶ外交生活で、これほど感動的な名演説を、他に聞いたことがない」と激賞した。

彼らの感動には、安堵の思いが込められていた。

―我に罪なし、されど甘んじて十字架に架けられん。

キリストになぞらえたその裏に、

―日本に、連盟脱退の意図なし。という意味を酌みとったからである。

その夜、石原莞爾大佐（八月昇進）は、緊急機密電を東京の永田鉄山軍事課長宛に発した。


年が改まって、一九三三（昭和八）年一月一六日、満洲問題解決案を討議する一九ヵ国委員会が開かれた。

会議は冒頭から紛糾した。

日本が持ち出した「ドラモント・杉村私案」が、日本に有利とみた小国の反発で葬り去られ、アメリカの参加を求める「イーマンス議長案」に日本が強硬に反対して、会議はデッドロックに乗り上げた。


アメリカは、またも声明を発表して、日本への敵意を露骨に表明した。「アメリカ合衆国は、本年三月就任するルーズヴェルト大統領の下でも、満洲国否認政策を取り続けるであろう」と。

日本政府は、「イーマンス案を阻止すべし」という訓令を松岡に送り続けた。

一九ヵ国委員会は、局面を打開するため、リットン報告書の採択を総会に諮ることを決した。

総会の表決で日本の主張を退け、解決案に反対する論拠を失わせる。

―これは、アメリカに使嗾《しそう》された小国の策略であったことは云うまでもない。


一月三〇日、松岡は次の請訓を東京へ送った。

―米、ソの招請と、満洲国否認の双方を退けることは不可能なり。双方を断乎拒否すれば、脱退は必至と思考す。

―いかなる事態に立ち至ろうとも、連盟を脱退せず。

その確約を、松岡は信じた。

回答は、間もなく到着した。

―連盟脱退か否かは、慎重検討の上、決定す。

その回訓に、国内の強硬論に揺れ動く政府の姿が伺えた。

二月一四日、一九ヵ国委員会はリットン報告書に基づく報告書、並びに解決勧告書を発表した。報告書がリットン報告書の要約であることは云うまでもない。勧告書はそれより一歩進んで、満洲国の否認、日本軍の撤退と共に、米・ソの参加による満洲の国際管理を盛り込んでいた。

ＡＲＡ密約発効への手順は、着々と進行しつつあった。

二月一五日、松岡、長岡、佐藤の三全権は、緊急請訓を東京へ発した。

―連盟の方針は、受諾し得ざるものと思考するも、政府は十分討議し、態度を決定されたし。

全権代表は、政府の訓令通りに日本の立場を主張した。その結果がこうだ。今までの成り行からすれば脱退のほかなくなる。後は政府が責任を取れ。始終自分勝手な主張ばかりさせておいて、不鮮明な態度を取り続ける政府に対し、全権団はいらだっていた。

同じ日、石原大佐もまた東京へ緊急機密電を送った。

―最後の関頭に立ち至る。決断を乞う。

翌二月一六日、東京では政府が動天の衝撃を受けた。

満洲から密かに飛来した満洲国執政顧問板垣征四郎少将が、一通の文書を呈示し、国際連盟の即時脱退を迫ったのである。

その文書がＡＲＡ密約であったことは云うまでもない。

密約の存在は、一九ヵ国委員会の報告書並びに勧告案受諾もやむなしと決定し、西園寺・牧野両元老の了承を取り付けていた政府を震駭《しんがい》させ、評議を一変させた。

膨大な資本力を有する米・英二ヵ国が、ソ連の了解の下に満洲に進出、租界を形成する。そうなったら、日本の経済勢力圏構想は雲散霧消し、明治以来の大陸発展は全く道を閉ざされてしまう。かといって、それを防ぐ手はない。

時日に余裕があれば、米・英との外交交渉や国際世論の喚起、または中国との妥協工作によって打開の道もあるだろう。

だが、ことは焦眉の急に迫っている。

「採る道は二つしかない……一旦受諾して、後は米・英と力で争うか……」

力と云っても経済力でも、武力でも敵すべくもない。

「もう一つは、連盟を脱退して、密約の発効を未然に防ぐかだ」

そうなると、日本は国際外交面で全く孤立する。不当に権益を侵害されても訴える所がない。国家の安全と国民の利益を守るのに、外交的手段が使えないとなると、頼むのは軍の武力しかない。

そうなれば、必然的に軍の勢威は強まる。もう頭の抑えようがなくなるのだ。それが永田の狙いだった。

政府から相談を受けた西園寺は、絶望の中に決断を下すほかなかった。

「已むを得んだろう、連盟を脱退するのだな」

そして、つぶやきを漏らした。

「松岡には、すまんことをした……」


二月二〇日、回訓がジュネーブに到着した。

―連盟総会において、報告書並びに勧告案が採決された場合は、連盟脱退もやむなしとす。その際、総会終了による引き揚げとみなされぬよう、脱退を示唆すべし。

訓電を一読した松岡は、一言も発せず、そのまま部屋に引き籠った。

夕刻、松岡は随員のこれまでの労苦に報いるため、日本料理店に赴き、夕食を共にした。

食後、松岡は石原莞爾に向かって、

「脱退と決まって、君らは大喜びだろう」

と一言だけ言った。流石の石原も、この時だけは顔を真っ赤に染めたまま、返す言葉がなかった。

松岡が、元関東軍作戦参謀の石原莞爾大佐を陸軍の随員に選んだのは、『満洲事変の経緯に精通している軍人』という事だけではなかった。

『一関東軍の田舎軍人に、複雑な国際外交の難しさを見せて、その偏狭な考えを匡正《きょうせい》してやる』という皮肉な意図が隠されていた。

石原莞爾は、帝国代表随行員の一人として出席していたこの時期に体調が不調であり、一九三二（昭和七）

年一〇月一六日無症候性血尿（自覚症状を伴わない血尿のことを云い、臨床医は尿路の癌をまず疑う）を見、一二月二〇日に典型的な全性血尿を経験し、ジュネーブの医療機関（どこか不明）を受診し、「膀胱乳頭腫」の診断を受けている。

約二〇年前の軍事訓練中、下馬時の尿道外傷が原因の膀胱腫瘍であり、事変中、強度の血尿、拇指頭大の凝血塊の排出による排尿困難があり、本人曰く「大半は横臥して執務」であったという。医学的に見て、総会出席時は心身ともに疲労困憊の状態であったことが窺い知れる（樋口正士：『石原莞爾将帥見聞記―達観した生涯の陰の壮絶闘病録―』二〇一一年）。

連盟総会は一九三三（昭和八）年二月二四日、一九ヵ国委員会の報告書並びに勧告案の採決を行った。最終的な同意確認において、賛成四二票、反対一票（日本）、棄権一票（シャム＝現タイ）、投票不参加一国（チリ）であり、国際連盟規約一五条四項（註：紛争解決ニ至ラサルトキハ連盟理事会ハ全会一致又ハ過半数ノ表決ニ基キ当該紛争ノ事実ヲ述ヘ公正且適当ト認ムル勧告ヲ載セタル報告書ヲ作成シ之ヲ公表スヘシ）および六項（註：連盟理事会ノ報告書カ【紛争当事国ノ代表者ヲ除キ】他ノ連盟理事会全部ノ同意ヲ得タルモノナルトキハ連盟国ハ当該報告書ノ勧告ニ応スル紛争当事国ニ対シ戦争ニ訴ヘサルヘキコトヲ約ス）についての条件が成立した。

議長の採択宣言が終わると、松岡洋右が発言を求め、宣言文を読み上げた。

宣言書は、連盟創立以来の日本の努力を述べ、今回の紛争について連盟と認識を異にすることを遺憾とし、その解決方法に別個の見解を有する以上、連盟と協力する努力の限界に達した旨を告げた。そして、ここに袂を別つとも、日本は世界平和の達成に誠心誠意協力する旨を付言して演説を終わった。その結びの言葉は、日本語の「サヨナラ」だった。（資料14）

降壇した松岡は、自席に戻らず、そのまま退場した。日本代表団はそれに続いた。その時、満場から拍手が起こった。それは松岡の名演説と、二度と日本代表を見る事のない惜別の情から生まれた拍手であった。

翌日の新聞には『連盟よ　さらば！』『連盟、報告書を採択　わが代表堂々退場す』の文字が一面に大きく掲載された。

「英雄」として迎えられた帰国後のインタビューでは「私が平素申しております通り、桜の花も散り際が大切」、「いまこそ日本精神の発揚が必要」と答えている。

帰国した松岡は「言うべきことを言ってのけた」、「国民の溜飲を下げさせた」初めての外交官として、国民には「ジュネーブの英雄」として、凱旋将軍のように大歓迎された。

言論界でも、清沢洌《きよし》（ジャーナリスト、評論家）など一部の識者を除けば、松岡の総会でのパフォーマンスを支持する声が大だった。もっとも本人は「日本の立場を理解させることが叶わなかったのだから自分は敗北者だ。国民に陳謝する」との意のコメントを出している。

三月二七日、日本は正式に国際連盟に脱退を表明し、同時に脱退に関する詔書が発布された（なお、脱退の正式発効は、二年後の一九三五年三月二七日）。（資料15）

小国が期待した連盟の制裁行為―日本対する経済封鎖―は、実現に至らなかった。世界で有数の貿易国で

（資料14）国際連盟臨時総会と演説する松岡洋右
（出典：『新生日本外交百年史』）

三九、國際聯盟脱退通告文

（資料15）国際連盟脱退通告文
（出典：『新生日本外交百年史』）

あった日本との商取引停止は、不況にあえぐ各国経済に、少なからぬ打撃を与えるからである。

脱退宣言の後の猶予期間中も日本は分担金を支払い続け、また正式脱退以降も国際労働機関には一九四〇年まで加盟していた（ヴェルサイユ条約等では連盟と並列的な常設機関であった）。その他アヘン取締りなど国際警察活動への協力や国際会議へのオブザーバー派遣など一定の協力関係を維持していた。国際連盟から受任していた南洋諸島の信託統治については引き続き日本の行政下におかれた。

ＡＲＡ密約は、三浦公介の手から関東軍に渡ったことで、日本の運命を変えた。

軍部は、密約を最も効果的に用い、英米協調派を一挙に衰退させた。

密約を手に入れてなかったとしたら軍部も関東軍も、華麗に展開したであろう外交に対して、どこまで抵抗できたか疑問である。切り札を持たないだけに、なし崩しに譲歩を迫られたと考えていい。恐らく―政治面に進出することなく、純粋な国防軍としての地位に退かざるを得なかったであろう。

反対に若し密約が、関東軍に気付かれることなく松岡の手に渡っていたら、どれ程日本の運命は変わっていたであろうか。

松岡は、密約を取引の材料に、アメリカの介入―影響力の行使を退け、英国と中国に譲歩させて、満洲に日中協力体制の自治政権を作り、名（宗主権）を譲って実（経済支配）を得たに違いない。

また、小国は、密約の存在を知って、英・米の野望に気付き、態度を変えたろう。日本は大国としての加害者ではなく、大国の被害者だと解ったら、かなり国際世論は変わっていた、と想像できる。

ちなみに三浦公介が釈放されたのは一九三三（昭和八）年五月で、日本が連盟を脱退し、満洲国が軌道に乗り始めていた時期であった。

《付記》　満洲事変と極東国際軍事裁判

極東国際軍事裁判（東京裁判）は、大東亜戦争で日本が降伏した後の一九四六（昭和二一）年五月三日から一九四八（昭和二三）年一一月一二日にかけて行われた、連合国が「戦争犯罪人」として指定した日本の指導者などを裁いた一審制の裁判のことである。

この裁判は連合国によって東京に設置された極東国際軍事法廷により、東條英機元首相を始めとする、日本の指導者二八名を、「平和愛好諸国民の利益並びに日本国民自身の利益を毀損」した「侵略戦争」を起こす「共同謀議」を「一九二八年（昭和三年）一月一日から一九四五年（昭和二〇年）九月二日」にかけて行ったとして、平和に対する罪（A級犯罪）、人道に対する罪（C級犯罪）および通常の戦争犯罪（B級犯罪）の容疑で裁いたものである。

「平和に対する罪」で有罪になった被告は二三名、通常の戦争犯罪行為で有罪になった被告は七名、人道に対する罪で起訴された被告はいない。裁判中に病死した二名（永野修身、松岡洋右）と病気によって免訴された一名（大川周明）を除く二五名が有罪判決を受け、うち七名が刑場の露と消えた。

「共同謀議」の起訴を満洲事変まで遡ることが明記され、訴因の「満洲事変以後の対中華民国への不当な戦争」としている点に限定してみると、有罪となった被告は、荒木貞夫、**土肥原賢二**、橋本欣五郎、畑俊六、平沼騏一郎、**広田弘毅**、星野直樹、**板垣征四郎**、賀屋興宣、木戸幸一、**木村兵太郎**、小磯國昭、南次郎、**武藤章**、岡敬純、佐藤賢了、重光葵、嶋田繁太郎、鈴木貞一、東郷茂徳、**東條英機**、梅津美治郎の二三名で、死刑判決は太字の六名である。

証人尋問には、ドナルド・R・ニュージェント（民間情報教育局局長）、大内兵衛、瀧川幸辰、前田多門、伊藤述史、鈴木東民、幣原喜重郎、清水行之助、徳川義親、若槻禮次郎、田中隆吉らが立ったが、満洲事変関連の証人として特異なのは、前満洲国皇帝愛新覚羅溥儀も出廷したことである。

ハバロフスクに抑留中の溥儀は中国からは漢奸《かんかん》（中国で、敵に通じる者。裏切り者。売国奴）裁判にかけられるかもしれないという脅威もあり、全て日本の責任で自分に責任はないと証言した。

米国ベン・ブルース・ブレイクニー弁護人が溥儀の書簡を出して反対尋問を行うと「全く偽造であります」と言い、重光葵は歌舞伎の芝居のようであったと回想している。

溥儀も後の自伝で、自身を守るために偽証を行い、満洲国の執政就任などの自発的に行った日本軍への協力を日本側によると主張し、関東軍吉岡安直（日本陸軍軍人・皇帝御用掛）などに罪をなすりつけたことを認めている。また自らの偽証が、日本の行為の徹底的な解明を妨げたとして、「私の心は今、彼（米国のジョセフ・キーナン極東軍事裁判主席検事）に対するお詫びの気持ちで一杯だ」と回想している（溥儀の自伝『わが半生』）。

アンリ・ベルナール判事（仏）は、溥儀の証言について「溥儀は、満洲国は最初から全て日本の支配下にあったと述べているが、彼自身がすでに、一九三二（昭和七）年三月一〇日に本庄繁に対して同意を提案する書簡を書いているではないか。この書簡の署名が強制の基になされたものであるという事実は証明されなかったのだから、溥儀が法廷で行った興味深い供述から生じたような結果などよりも、本官はその書簡によって示されたものを信じる」と述べている。

判決はイギリス、アメリカ、中華民国、ソ連、カナダ、ニュージーランドの六ヵ国の判事による多数判決であった。

そこでの多数派の判事は、大東亜戦争を満洲事変からの一五年戦争と見做し、日本が満洲を侵略したのが原因であるかのように見做している。

判事団の多数判決に対して、個別意見書が五つ出された。

フィリピンのデルフィン・ハラニーリャ判事は同意意見書を、オーストラリアのリアウィリアム・ウェブ判事、インドのラダ・ビノード・パール判事、オランダのベルト・レーリンク判事、フランスのアンリ・ベルナール判事は反対意見書を提出した。

アンリ・ベルナール判事（仏）は梅汝璈《ばいじょこう》中華民国代表判事に対して「正義は連合国の中にあるのではないし、その連合国の誰もが連合という名の下にいかなる特別な敬意を受けることができるわけでもないのだ」と述べている。

また南次郎（陸軍軍人・政治家）が、満洲事変を「自衛権の発動」と承認した時に多数派判事が非難するなかベルナール判事は、満洲事変は「ありふれた事件」でしかなく、また「自衛すべきであると思うときには自衛権がある」「この決まりは実際に攻撃も侵略もないケースにおいても自衛権の発動を妨げるものではない」と述べた。

満洲事変問題については「事変と称されている事実が起きた時点では、中国政府自身、まだ日本を敵国とみなしていなかった」として、当時の日中衝突について日本側の行為だけを非とするのはおかしいとし、また「我々は、あらゆる大国が自らにとっての生命線を自国内ではなく他の国に置いてきたことを了承してきたし、今日でも了承しているではないか。チャーチルはイギリスの生命線をライン河に置いてきた」とも述べ、さらに「法的な解決、あるいは仲裁のイニシアティブをとるべきであったのは、日本によって行使される特権の廃止を求めていた中国側にあった」と主張した。

ラダ・ビノード・パール判事（印）は、被告人全員の無罪を主張した「意見書」（通称「パール判決書」）で知られる。

パールは「裁判の方向性が予め決定付けられており、判決ありきの茶番劇である」との主旨でこの裁判そのものを批判し、被告の全員無罪を主張した。これは裁判憲章の平和に対する罪、人道に対する罪は事後法であり、罪刑法定主義の立場から被告人を有罪であるとする根拠自体が成立しないという判断によるものであり、日本の戦争責任が存在しないという立場ではない。

パールの裁判における判決書は、英文で一二七五ページに及ぶ膨大なものであり、全七部で構成されている。

一部　裁判官が戦勝国出身者のみで構成されている事の適切性

侵略戦争の責任を個人に求めることの妥当性

二部　侵略戦争と自衛戦争の区別

この中でパールは、日本の戦争を一方的な侵略戦争とは断定できないとしている。

三部　証拠および手続きに関する規則の検討

四部　訴追事由の一つである「共同謀議」論の否定

五部　裁判の管轄権

この中では真珠湾攻撃以前の案件を扱うことは事後法となり、管轄権を侵害しているとしている。

六部　厳密な意味での戦争犯罪の検討

この中では、非戦闘員の生命財産の侵害が戦争犯罪となるならば、日本への原子爆弾投下を決定した者こそを裁くべきであろうとしている。

七部　この部分はパールが裁判に対して行った勧告である。この中で全被告人は無罪であるとしている。

極東国際軍事裁判所条例ではこれら少数意見の内容を朗読すべきものと定められており、弁護側はこれを実行するように求めたが、法廷で読み上げられることはなかった。

終章

清国と英国との間で一八四〇年から二年間にわたって行われた阿片《あへん》戦争は一八四二年八月二九日南京条約を、翌年に虎門寨《こもんさい》追加条約を調印し終結したが、そこに世界の植民地政策の不平等条約締結の原点を見出すことが出来る。

阿片戦争以前、清国は広東（広州）、福建（厦門）、浙江（寧波）に海関を置き、外国との海上貿易の拠点として管理貿易（公行制度）を実施していた。南京条約では公行制度（一部の貿易商による独占貿易）を廃止し自由貿易制に改め、従来の三港に福州、上海を加えた五港を自由貿易港と定めた。加えて本条約では英国への多額の賠償金の支払と香港の割譲が定められた。また、翌年の虎門寨《こもんさい》追加条約では治外法権、関税自主権放棄、最恵国待遇条項承認などが定められた。

この英国と清国との不平等条約を他の列強諸国も学習するところとなり、アメリカ合衆国との望厦《ぼうか》条約（清国とアメリカとの最初の条約）、フランスとの黄埔《こうほ》条約（清国とフランスとの修好通商航海条約）などが結ばれている。阿片戦争で大英帝国が行ったこの不平等条約の締結手法に便乗したのである。

この戦争を英国が引き起こした目的は大きく云って二つある。それは、東アジアで支配的存在であった中国を中心とする朝貢《ちょうこう》体制の打破と、厳しい貿易制限を撤廃して自国の商品をもっと中国側に買わせることである。

しかし、清国の一部の人々は、イギリスがそれまでの歴史上に度々登場した夷狄《いてき》とは異なる存在であることを見抜いていた。たとえば林則徐《りんそくじょ》（中国清代の官僚・政治家）のブレーンであった魏源《ぎげん》は、林則徐が収集していたイギリスやアメリカ合衆国の情報を委託され、それを元に『海国図志《かいこくずし》』を著した。「夷の長技を師とし以て夷を制す」という一節は、これ以後の中国近代史が辿った西欧諸国の技術、思想を受容して改革を図るというスタイルを端的に言い表した言葉である。この書は東アジアにおける初めての本格的な世界紹介書であった。

阿片戦争で揺れる清よりも、むしろ魏源が伝えようと西力東漸《せいりょくとうぜん》の危機感を真剣に受け止めたのは日本であった。

清朝の敗戦は清の商人によって、いち早く幕末の日本にも伝えられ、大きな衝撃をもって迎えられ、強国であった清の敗北が西欧の東洋への進出の旗印となる危機感を日本に募らせた。魏源の『海国図志』もすぐに日本に伝えられており、幕末における改革の機運を盛り上げる一翼を、この阿片戦争から生まれた書物が担っていたのである。

一八四三年には昌平黌《しょうへいこう》（江戸幕府直轄の教学機関・施設）にいた斎藤竹堂《さいとうちくどう》が『鴉片始末《あへんしまつ》』（阿片戦争についてイギリス・清双方の立場から論じた）という小冊子を書き、清国の備えのなさと西洋諸国の兵力の恐るべきことを憂えている。

それまで、異国の船は見つけ次第砲撃するという異国船打払令を出すなど強硬な態度を採っていた幕府は、この戦争結果に驚愕した。同時期に、日本人漂流民を送り届けてくれた船を追い返すというモリソン号事件が発生したこともあり、一八四二年には、方針を転換して、異国船に薪や水の便宜を図る薪水給与令を新たに打ち出すなど欧米列強への態度を軟化させる。この幕府の対外軟化がやがて開国の大きな要因となり、のち明治維新を経て日本の近代化へと繋がることになったのである。

極東の小さな島国を領掌している日本は、維新を興し江戸幕府に対する倒幕運動から、明治政府による天皇親政体制の転換とそれに伴う一連の改革を行い東アジアで最初の西洋的国民国家体制を有する近代国家へと変貌した。

その後、日清・日露両戦役で世界列強の看板を得た日本は、それらで得た満洲の権益が次第に侵される危機に瀕すると判断した関東軍の独断で、武力にて満洲の全領土を統一し満洲国を建国し、一九三三（昭和八）年二月二三日には国民革命軍張学良東北辺防軍の拠点のある熱河省侵攻を行った。だが、その熱河省は既に日本の侵攻の九ヵ月前に、フランス・ドイツ・イタリアが管理を行うという取り決めの密約がなされていた。それは、米・英二大国がソ連をも巻き込んで、満洲を意のままに料理しようというARA密約であった。

国際連盟から満洲事変に対する日支紛争の調停を図るための検討委員会として派遣されたリットン調査団の狙いは、満洲の租界化にあったのである。

これは、日本にとって大打撃であることはいうまでもない。権益の経済的発展どころか、権益そのものが欧米各国の包囲封鎖の下に圧殺されるであろうことは明白であった。


著者は、ARA密約の原点を奉ソ戦争（中東路事件）の仲裁に乗り出したアメリカ国務長官スティムソンの紛争仲裁斡旋手法に見出すことが出来る。

中ソ間の中東鉄道交渉では、当事国間のハバロフスク議定書調印によりソ連軍は撤収し、運行も次第に回復していたが、アメリカは中ソの接近を警戒し国民政府側に調印無効の交渉をけし掛けていた。が、それは満洲事変の勃発により、一九三一年一〇月末をもって事実上の中止となっていた。

そこでスティムソンは、今度は更に、日本の「上前《うわまえ》を撥《は》ねる」作戦が加わった「濡れ手で粟の手法」を取ったのである。すなわち、火事場泥棒的な紛争仲裁斡旋手法である。

ARA密約は、中国における利権争奪をアメリカ単独で行うのではなく欧州の列強国を捲き込み、加盟してない国際連盟の舞台を借り、国交のないロシア（ソ連）をも加えて行ったのである。
これは、米ソという巨大国家の世界制覇闘争への幕開けでもあった。

リットン報告書は、全文を読む限り日本は合法的に活動している事がきちんと報告されているし、逆に中国側の非合法な活動が取り上げられている。

第八章までは寧ろ日本の満洲での功績や権益を認める内容で、日露戦争の一〇年前に既に日本の権益が始まっている事を前提に、対露戦争は自衛戦争であることが明記されていて、日韓併合に関しても、植民地ではなく「併合」と明記されている。

このように日本にとって不利な内容ではなかった。

一見すれば、国際協調路線外交をスローガンにしていた日本が、どうしてこの程度の解決案を受け入れられなかったのか、大きな疑問が残るであろう。

しかし、リットン報告書第一〇章には重大な密約が隠されていた。

第九章、第一〇章は、日本の非合法活動を見つけられなかったことに関する対策ともいえる協約部分になるわけである。

第一〇章「理事会に対する考察及び提議」の中で、報告書は具体的解決策として、日中両国代表者を含む『建言会議』を設け、中立国「オブザーバー」を加えることを提案し、更に、日本軍撤兵後の満洲地域の治安維持に、『外国人の協力による特別武装憲兵隊』を設置することを求めていた。端的にいえば日本に満洲の地ならしをさせた上で、権益は欧米で分け合おうというもので主にアメリカが強い関心を示していたのである。

日本が、満洲事変時の国際連盟における審議、調査団の調査とそのリットン報告で弾劾を受け、国際連盟の脱退に至ったのには隠されたこの密約の存在があったのである。

あとがき

我が国は明治維新後西欧列強に追いつくために、強引な西欧化から近代化を行い、富国強兵・殖産興業を押し進め、西欧列強の植民地政策に追随した帝国主義諸政策を推進して行った。

その結果として、日清戦争・日露戦争・韓国併合・第一次世界大戦などを通じて、大陸進出を着実に進展させ、台湾・樺太・朝鮮・関東州・南洋群島などを「外地《がいち》」として支配して領土を増やした。併合した朝鮮・台湾の同化政策や、満洲事変・支那事変（日中戦争）・大東亜戦争勃発などと前後して、日本の構想である『大東亜共栄圏』や『八紘一宇《はっこういちう》』の旗を掲げて猛進した。

歴史研究と歴史認識の関係において、古代の粛慎《しゅくしん》から日露戦争までの満洲通史と満洲国建国の必然性について当時は国策として必要性があった。が、現代の日本人にはその方向性を見極めることは難しいと思われる。

当時のアメリカも中国を経済市場としての価値を高く評価するあまり、中国と満洲、そして日本との歴史的経緯や民族感情などを深く調査することなく、頭から日本叩きに突っ走ってしまった。

満洲事変審議の国際連盟理事会でアメリカがオブザーバーとして参加が認められるよう、奉ソ戦争調停の時と同様に英・仏に働きかけて成功し、認められ、代表として送り込まれたジュネーブ駐在総領事ギルバートに絶えず指示を送っていたのが、時の米国国務長官スティムソンであった。

国際連盟での満洲事変の後処理を検討する調査団派遣並びに調査団の米国派遣の人選介入にも強く関与し、調査団リットン委員長が調査途上の奉天滞在中、長文の書簡を帰国途中のランプソン英公使に託し、それは私信の形を取っているがサイモン英外相を通じて、米国のスティムソンに回覧されている。

このように見るとリットンの後ろ、いや調査団の背後には、絶えず米国務長官スティムソンの影があった事を見逃すわけにはいかない。むしろスティムソンが、言い換えれば、アメリカが主導して密約を計ったことが窺い知れる。

しかしながら日本は連盟を脱退し、満洲の建国作業は日本の手によって進められ、満洲を国際管理とするアメリカの思惑ははずれた。その後この秘密文書は、ソ連とヒットラー・ドイツが第二次大戦中に米英の陰謀として暴露したが、戦争中のため、結局、取り上げられる余裕はなかった。

ただ、アメリカは国家機密情報といえども、二五年を経過すると情報を開示する国であり、一九三三年の出来事は二五年後である一九五八年に公開されるはずであった。だが、一九五七年一〇月、当時の大統領ドワイト・アイゼンハワーの署名の下に、「大統領直接の指示により、機密文書扱い五〇年間延長」と朱筆された。

第二次大戦中、アメリカの軍政を司《つかさど》ったスティムソンは、一九四二年、当時准将から少将になりたてのドワイト・アイゼンハワーを中将に抜擢、欧州派遣米軍の総司令官とした。

そのアイゼンハワーが大統領として、ＡＲＡ密約の機密解呪の際、五〇年間の延長を命じたのも因縁というよりも、スティムソンが往年に暗躍した満洲の租界化の陰謀を出来るだけ歴史の闇に葬っておきたかったのではなかろうか。

そのため、この文書の封印が解けて日の当たる場所に出て来るのは二〇〇八年であった。二〇〇八年はとっくに過ぎ去っている。日本政府や外務省は、アメリカ政府に正式な申し入れをして、恐らく米国立公文書館に眠っていると思われるＡＲＡ密約などに目を覚まさせる必要があった。日本の名誉を取り戻す義務と責任があるのに何の動きもない。国家的怠慢でなかろうか。

また、日本のマスコミは、この秘密文書を是非入手して全世界に公開する必要がある。その上に、我が国の歴史認識の覚醒を声高に唱える近隣諸国にもこれが原点たる資料だ、として啓蒙すべきであろう。

参考・引用文献

和田清：『東亜史研究』〔第一〕 満洲篇 東洋文庫論叢〈第三七〉 一九五五年
近代日中関係史年表編集委員会編：『近代日中関係史年表 一七九九―一九四九』 岩波書店 二〇〇六年
山本有三編：『「満洲国」の研究』 緑蔭書房 一九九五年
山室信一：『「キメラ」 満洲国の肖像』 中公新書 一九九三年
ねず・まさし：『現代史の断面・満州帝国の成立』 校倉書房 一九九〇年
芳澤謙吉：『外交六〇年』 自由アジア社 一九五八年
中野敬止：『芳澤謙吉自伝』 時事通信社 一九六四年
樋口正士：『―日本の命運を担って活躍した外交官― 「芳澤謙吉 波乱の生涯」』 グッドタイム出版 二〇一三年
ボリス・スラヴィンスキー、ドミトリー・スラヴィンスキー共著 加藤幸廣訳：『中国革命とソ連―抗日戦までの舞台裏「一九一七―三七年」』
共同通信社 二〇〇二年
国際連盟協会発行：『リットン報告書―日支紛争に関する国際連盟調査委員会の報告―』 国際連盟協会業書第一一五輯 昭和七年
国際連盟協会発行：『リットン報告書に対する帝国政府意見書』 国際連盟協会業書第一一七輯 昭和七年
渡部昇一：『全文「リットン報告書」』 新装版 ビジネス社 二〇一四年
ハインリッヒ・シュネー著 金森誠也訳：『「満州国」見聞記―リットン調査団同行記』 講談社学術文庫 二〇一四年
池宮彰一郎：『事変「リットン報告書ヲ奪取セヨ」』 角川文庫 平成一九年
杉山徹宗：『騙しの交渉術 二〇世紀外交史にみる卑怯な国家』 光人社 二〇〇七年

アムレトー・ヴェスパ著・山村一郎訳：『中国侵略秘史―在る特務機関員の手記―』大雅堂　昭和二一年
竹山道雄：『昭和の精神史』講談社学術文庫　一九八五年
森島守人：『陰謀・暗殺・軍刀―一外交官の回想―』岩波新書　昭和二五年
浅田次郎：『中原の虹』講談社　二〇〇六-二〇〇七年
若狭和朋：『昭和の大戦と東京裁判の時代　―日本人に知られては困る歴史―』ワック　二〇一三年
ハワード・ショーンバーガー著　宮崎章訳：『占領一九四五〜一九五二　戦後日本をつくりあげた八人のアメリカ人』時事通信社　一九九四年
栗原健他：『佐藤尚武の面目』原書房　一九八一年
黒木勇吉：『小村寿太郎』講談社　一九六八年
臼井勝美：『満洲国と国際連盟』吉川弘文館　平成七年
小峰和夫：『「満洲」起源・植民・覇権』御茶の水書房　一九九一年
藤原書店編集部編：『満洲とは何だったのか』藤原書店　二〇〇四年
黄文雄：『台湾・朝鮮・満州「日本の植民地の真実」』扶桑社　二〇〇三年
黄文雄：『戦争の歴史　日本と中国』ワック　二〇〇七年
塚瀬進：『戦前、戦後におけるマンチュリア史研究の成果と問題点』長野大学紀要　第三二巻　第三号　二〇一一年
渡部悌治：『ユダヤは日本に何をしたか―我が愛する子や孫へ語り継ぎたい―』成甲書房　二〇〇九年
ヘンリー・メイコウ著　太田龍監修：『イルミナティ　世界を強奪したカルト』成甲書房　二〇〇九年
吉村正和：『フリーメイソン　西欧神秘主義の変容』講談社現代新書　二〇一四年
リュック・ヌフォンテーヌ著　吉村正和監修　村上伸子訳：『フリーメイスン』創元社　二〇一二年
W・カーク・マクナルティ著　武井摩利訳：『フリーメイスンのすべて』創元社　二〇〇八年

参考・引用文献

ベンジャミン・フルフォード：『イルミナティ最高機密文書』 青志社 二〇一〇年
赤間 剛：『フリーメーソンとは何か』 三一新書 一九九二年
ジョージ・フロスト・ケナン著 近藤晋一・有賀貞・飯田藤次訳：『アメリカ外交五〇年』 岩波現代文庫 二〇〇〇年
黄 自進：『満洲事変をめぐる列強の態度と国際公議の醸成』 立命館経済学 第六二巻 第一号 二〇一三年
ラルフ・タウンゼント著 田中秀雄・先田賢紀智共訳：『暗黒大陸 中国の真実』 芙蓉書房 二〇〇七年
渡部昇一：『「東京裁判」を裁判する』 致知出版社 二〇〇七年
戸谷由麻：『「東京裁判」 第二次大戦後の法と正義の追及』 みすず書房 二〇〇八年
半藤一利・保阪正康・井上亮：『「東京裁判」を読む』 日本経済新聞出版社 二〇〇九年
R・F・ジョンストン著 中山理訳 渡部昇一監修：『紫禁城の黄昏』 祥伝社黄金文庫 二〇〇八年
愛新覚羅溥儀著 小野忍・野原四郎・新島淳良・丸山昇訳：『わが半生』 上・下 ちくま文庫 一九九二年

【著者略歴】
樋口正士（ひぐち　まさひと）
1942（昭和 17）年東京都町田市生まれ。
医学博士。日本泌尿器科学会認定専門医。

著書『石原莞爾将帥見聞記 －達観した生涯の陰の壮絶闘病録－』（原人舎）
『－日本の命運を担って活躍した外交官－ 芳澤謙吉 波乱の生涯』（グッドタイム出版）
『下剋上大元帥　張作霖爆殺事件』（グッドタイム出版）
『藪のかなた －駐華公使・佐分利貞男変死事件－』（グッドタイム出版）

趣味　家庭菜園

ＡＲＡ密約－リットン調査団の陰謀－
2015 年 7 月 7 日　初版第 1 刷発行
著者　　樋口正士
発行人　福永成秀
発行所　株式会社カクワークス社
〒 150-0043　東京都渋谷区道玄坂 2-18-11　サンモール道玄坂 212
電話　03(5428)8468　ファクス 03(6416)1295
ホームページ　http://kakuworks.com

印刷・製本　日本ハイコム株式会社

装丁／なかじま制作　本文デザイン／オフィス足利

ISBN978-4-907424-03-9